Robert J. Courtine

LAS RECETAS DE MADAME MAIGRET

PROLOGO DE
GEORGES SIMENON

DOLCE VITA
EDICIONES B
GRUPO ZETA

Título original:
Le cahier de recettes de madame Maigret

Traducción:
Esteban Riambau

1.ª edición: abril 1988
La presente edición es propiedad de Ediciones B, S.A.
Calle Rocafort, 104 - 08015 Barcelona (España)

Printed in Spain
ISBN: 84-7735-774-9
Depósito legal: Bi. 284-1988

Impreso por GRAFO, S.A. - Bilbao

Diseño de colección y cubierta:
NAPO

Robert J. Courtine

LAS RECETAS DE MADAME MAIGRET

Muy apreciado Courtine:

Hace ya largos años renuncié a escribir prefacios, pues emplearía en ellos buena parte del tiempo dedicado a mis novelas y su número les restaría todo valor. ¿Quiere aceptar el considerar como un prefacio esta carta que le escribo con sinceridad de amigo?

Hace mucho tiempo que le leo y le admiro. Muchas personas, sobre todo en estos últimos años, se las dan de entendidas en gastronomía y casi todos los diarios y revistas tienen su sección dedicada a la «buena mesa». Sin embargo, la cocina de la que se habla casi siempre es una cocina de fantasía que armoniza mejor con los muebles hinchables de plástico que con un buen comedor de sólidos muebles.

Escribiría de buena gana que es usted el último clásico, si ello no conllevara el riesgo de ahuyentarle los aficionados a la originalidad a toda costa. Para cada plato, se ha tomado usted el trabajo de remontarse a los orígenes, a menudo campesinos, de buscar el porqué de tal o cual ingrediente, de tal o cual tipo de cocción o de tal o cual guarnición. Con frecuencia, también ha buscado y encontrado las simplificaciones que exigen hoy nuestros sufridos estómagos.

Le he visto en pleno trabajo. Su curiosidad y su actividad siempre me maravillan, y cuando me encuentro ante un dilema acudo a usted para informarme.

Se otorgó a nuestro viejo amigo Curnonsky el título de Príncipe de los Gastrónomos. Usted merece heredarlo, aunque lo considero un tanto ampuloso y prefiero el término de «experto».

Son expertos quienes distinguen los cuadros falsos de los auténticos, las obras de arte de pacotilla de las obras de arte de verdad. Usted lo hace en cocina, que también es un arte, tal vez el más antiguo.

Sabe cuánta admiración le profeso y me gustaría, por medio de esta carta-prefacio, comunicarla a aquellos, muy escasos entre sus lectores, que todavía no la comparten.

Cordialmente suyo, mi querido Courtine,

GEORGES SIMENON

Prólogo

Maigret introducía la llave en la cerradura, con la chaqueta bajo el brazo, y lanzaba su tradicional:

—¡Soy yo!

Y husmeaba, adivinando por el olor lo que había para almorzar...

L'AMOUREUX DE MADAME MAIGRET

Cuando los padres de la joven Louise, en Colmar, pensaron en casarla, se fijaron como objetivo buscar al futuro esposo únicamente entre los funcionarios de Puentes y Caminos.

Por parte de la señora Maigret, la genealogía de los Schoëller, de los Kurt y de los Léonard estaba vinculada en su totalidad a ese gran organismo del Estado. Ahora bien, de Estrasburgo a Colmar y a Mulhouse ya no quedaban pretendientes posibles, y los padres de la joven la enviaron a París, a casa de su tío y de su tía Léonard, con el fin exclusivo de que le encontraran un marido en Puentes y Caminos.

¿Por qué travesura de la suerte el joven Jules Maigret, que acababa de quitarse el uniforme de los agentes de tráfico para ascender a secretario de un comisario de policía, fue invitado a una velada en casa de los Léonard y sedujo a aquella muchacha un tanto rolliza, de fresco semblante, en cuya mirada había un brillo que no se observaba en la de sus amigas? Es lo que el célebre comisario narra en sus *Memorias.*

Lo cierto es que casi fue preciso forzarle para que hiciera su petición de mano, tan tímido era.

Y también porque él sabía perfectamente que la policía no es lo mismo que Puentes y Caminos.

En aquella primera velada en casa de los Léonard, a la que le había llevado un compañero de estudios, Louise, la «joven del vestido azul», sólo le dirigió la palabra para decirle, indicándole no sé qué tipo de pastelillos sobre los cuales había un trocito de fruta confitada: «Han dejado los mejores. ¡Pruebe éstos!»

Y ello con una mirada de complicidad que me encanta, como encantó sin duda al futuro comisario, puesto que trabó entre ellos unas relaciones en las que su afición al buen yantar era indisociable de su amor...

En efecto, si Simenon quiere imponernos la imagen de una buena «mujercita de su casa» siempre atenta a sus fogones, siempre entregada a la limpieza, siempre mimando al gran bebé que es su marido, es porque ahí radica toda la realidad de la pareja. Louise, como la Catherine de la canción alsaciana, sabe hacer:

La tarte aux prunes
comme pas une...[1]

Ella es ante todo ama de casa, y uno recuerda al goloso Théodore de Banville cuando lisonjea a su mujer:

Quand nos Iris au teint pauvre et blémi,
Pour mieux garder leur beauté d'étagère,
Traînent leurs pas d'un bel air endormi,
Toi, tu fais tout, lingère et boulangère,
D'une main forte à la fois et légère,
Tu sais aussi confire les cédrats.[2]

Esta cocina de mujer, esta «verdadera» cocina, convenía al estómago de Maigret, hombre que aborrecía lo sofisticado. Invitado en casa de un amigo de la infancia, al que el tiempo había hecho rico y esnob, lo manifiesta sin circunloquios: «Desde luego, la comida era selecta, pero nada le decían a él aquellos platillos complicados con salsas invariablemente salpicadas de trufas y colas de cangrejos de río...»

1. *La tarta de ciruelas*
como nadie...
2. *Mientras nuestras Iris de cutis pálido y mate*
Para mejor conservar su estática belleza,
Caminan con paso lánguido e indolente,
Tú lo haces todo, costurera y panadera,
Con mano a la vez fuerte y ligera,
Sabes también confitar las cidras.

Por tanto, Louise Maigret cocina tal como la mujer sabe amar o como canta el pájaro. Y cuando el comisario ha comido fuera de casa un plato seductor y le habla de éste, porque es necesario hablar de lo que se come, ella toma buena nota a fin de encontrar la receta para obsequiarle con dicho manjar en otra ocasión.

Y en consecuencia, con su amiga, la esposa del doctor Pardon (en cuya casa cena la pareja una vez al mes, mientras que la quincena siguiente los Pardon van a casa de los Maigret), Louise intercambia recetas.

Unas recetas que se agregan al fondo ancestral, a aquellas recetas que proceden de Alsacia, como los Schoëller y los Kurt. Y como el licor de ciruelas silvestres con el que la obsequia su hermana, casada allá, cuando va a París.

Unas recetas que ella anota, con precisión y minuciosidad, en una libreta ya vieja que Maigret le regaló un día en que, buscando información, había entrado en una papelería del bajo Montmartre. Era una de sus primeras investigaciones, y había comprado dos gruesas libretas de tapas rojas, para ablandar a la propietaria, una vieja arisca. En la otra libreta, su esposa ha ido pegando todos los artículos publicados sobre el comisario, y que ella todavía sigue recortando piadosamente.

No es necesario añadir que esta última libreta es su predilecta.

Pero los que conocemos todas las investigaciones de Maigret nos alegramos de haber conseguido, gracias a la amabilidad de Georges Simenon (por el que Louise Maigret tiene una indiscutible debilidad), esta valiosa libreta de recetas: las excelentes recetas de madame Maigret.

ROBERT J.-COURTINE

SOPAS
Y
POTAJES

Sopa de cebolla al gratén

Los dos hombres acababan de comer sopa de cebolla al gratén y el camarero colocaba ante ellos unas abundantes choucroutes con guarnición, cambiaba ya sus jarras de cerveza...

SIGNÉ PICPUS

Ni el uno ni el otro tenían ya hambre, pero de todas maneras se instalaron ante una mesa de una cervecería, donde, puesto que así lo habían decidido una hora antes, pidieron una sopa de cebolla.

MAIGRET ET LA JEUNE MORTE

Es indispensable utilizar queso de Gruyère auténtico (Suiza), generalmente vendido con el nombre de Fribourg.

Cabe sustituir el Madeira por un Banyuls seco.

Con la sopa de cebolla al gratén, Maigret bebe cerveza rubia de barril.

Dore en manteca de cerdo 500 g de cebollas picadas. Espolvoree con una cucharada de harina y, removiendo con una espátula de madera, deje que también se dore ésta.

Bañe con caldo de buey. Salpimente. Deje hervir durante 30 minutos.

Cuele la sopa.

Dore en mantequilla unas delgadas rebanadas de pan sentado.

Eche en una cazuela de barro un vasito de vino de Madeira. Alterne capas de pan con capas de auténtico gruyère rallado, terminando con una capa de queso.

Bata enérgicamente dos huevos con un dedo de Madeira y échelo todo, removiendo bien, en el caldo.

Vierta ahora el caldo en la cazuela y métala en el horno para gratinar la superficie.

Sopa de tomate

Sirvieron primero una sopa de tomate al mismo tiempo que un Saint-Émilion desagradablemente dulce, sin duda manipulado para su exportación.

UN CRIME EN HOLLANDE

—¿Qué sopa has hecho? —gritó, sentándose en un cajón.
—De tomate.
—¡Me va!

MAIGRET

Esta sopa sólo es válida durante la temporada de los tomates de huerto, no de invernadero o de importación.

Siempre hay que cortar las hierbas con tijeras, y no picarlas, ya que esto merma su aroma.

Con la sopa de tomate, Maigret bebe un Quincy.

Corte a finas laminillas una cebolla de buen tamaño y un diente pequeño de ajo.

Cuartee 7 bonitos tomates bien maduros y sáqueles las pepitas.

Fríalo todo, en una sartén, con grasa de oca, y viértalo seguidamente en una cacerola.

Agregue a la cacerola 1 litro y medio de caldo de menudillos de ave. Salpimente.

Una vez completada la cocción de los tomates, pase la sopa por el tamiz, aplastando bien éstos. Viértala de nuevo en la cacerola.

Eche en la cacerola un puñado de fideos cabello de ángel y cuézalos «al dente».

Dore en mantequilla una fina rebanada de pan por comensal.

Disponga las rebanadas en los platos soperos.

Vierta encima la sopa. Espolvoréela con perifollo finamente cortado.

Vichyssoise

Acabaron por elegir una vichyssoise refrescante y el pato a la naranja, que era el plato del día.

MAIGRET SE DÉFEND

Lo más importante es, en primer lugar, la elección de las patatas, que deben ser de excelente calidad y de una especie que se deshaga con la cocción.

A la vichyssoise, Maigret añade un vaso de Saint-Pourçain tinto, lo que los franceses llaman «faire Chabrot».

Limpie unos puerros y córtelos finamente (en total, 200 g). Páselos ligeramente por mantequilla, en una cacerola, procurando que no tomen color.

Pele cuidadosamente 200 g de patatas, córtelas a cuartos y póngalas en la cacerola, junto con las patas, los alones y el cuello de un ave de corral. Bañe con 1 l de agua y sazone con sal. Cueza a fuego lento, con el recipiente tapado, durante 30 minutos.

Retire los menudillos de ave y pase el resto por un molinillo, y después por una estameña. Deje enfriar, removiendo de vez en cuando, y meta después la sopa en el refrigerador (protegida por un papel parafinado).

Cuando esté muy fría, añádale la mitad de su volumen de crema de leche fresca, también muy fría, a cucharadas y removiendo poco a poco. Rectifique la condimentación, añadiendo una pizca de pimienta de Cayena.

Vierta la sopa en tazas para consomé.

Espolvoree cada taza con cebolleta finamente cortada.

SALSAS

Mayonesa

—Soy yo —anunció, entrando en el pasillo, invadido por el olor de la morcilla asada.

Y, ocultando el bogavante detrás de la espalda:

—Dígame, Félicie... ¿sabe hacer, al menos, una mayonesa?

Una sonrisa altiva.

—Pues bien, prepárela en seguida y cuézanos este caballero.

FÉLICIE EST LÀ

También aquí la ventana estaba abierta. Para cenar, como en los mejores días del verano, había fiambres, ensalada y mayonesa.

LA FOLLE DE MAIGRET

—Ya sé que tú tomarás algún embutido, tal vez una *andouillette*... ¿Puedo yo darme un capricho, encargando un bogavante frío con mayonesa?

MAIGRET ET LE FANTÔME

El único «truco» para conseguir que no se corte la mayonesa consiste en que los huevos y el aceite estén a la misma temperatura, bastante baja.

PARA LA CARNE FRÍA Y LOS FIAMBRES:

Ponga en un cuenco 6 yemas de huevo, sal, 1 vasito de vinagre y 1 cucharada sopera de mostaza Corcellet a la pimienta verde. Mezcle rápidamente con el batidor.

Vierta poco a poco sobre esta mezcla (con cucharaditas de las de café para llegar progresivamente a cucharadas soperas) 1 l de aceite de oliva de primer prensado en frío, batiendo con el batidor hasta que la mezcla quede homogénea antes de seguir agregando aceite.

Terminada la mayonesa, estabilícela incorporándole 4 cucharadas soperas de vinagre hirviendo y batiendo rápidamente.

PARA EL BOGAVANTE:

Proceda como en la receta anterior, pero utilizando aceite de cacahuete y mostaza fuerte Spéciale 117 sin sal (una cucharadita).

Para un cuenco de mayonesa, bata a punto de nata muy firme 1/2 vaso de crema de leche fresca, antes de incorporarla a la mayonesa.

Mezcle el zumo de 1 limón con 1 cucharadita de mostaza.

Añada esta mezcla a la mayonesa.

Rectifique la sazón en cuanto a la sal. Agregue una pizca de pimienta de Cayena. Bata rápidamente con el batidor y sirva la mayonesa.

Salsa del pobre hombre

Habitualmente, disfrutaba con el cocido y apenas se dio cuenta de que lo estaba comiendo, regado con salsa del pobre hombre.

MAIGRET ET MONSIEUR CHARLES

Hay otras recetas de esta «salsa del pobre», modestamente sabrosa y de la que existe incluso una versión inglesa: la «Poor man sauce». Se doran en mantequilla unas cebollas finamente cortadas, se las baña con vinagre y vino blanco y se deja reducir la mezcla. Se le agrega entonces caldo y un rojo oscuro (harina muy tostada con mantequilla), y a continuación alcaparras, pimienta de Cayena y perejil finamente cortado.

En todos los casos, se empleará únicamente vinagre de vino.

Fría en 2 cucharadas de mantequilla derretida, 3 cucharadas de pan tostado rallado.

Desglase con 1/2 dl de vinagre.

Deje reducir.

Bañe con caldo de buey desengrasado.

Deje hervir unos momentos.

Agregue escalonias o cebollas picadas y blanqueadas, y 1 cucharada de perejil finamente cortado.

ENTRANTES

Pâté de campagne

—¿Se puede comer en su casa?

—¡Claro que se puede comer! ¿Qué desea? ¿Un fricandó? ¿Cerdo asado con lentejas? Para empezar, tengo un buen pâté de campagne.

LE CLIENT LE PLUS OBSTINÉ DU MONDE

Si piensa consumir este pâté de campagne en unos pocos días, lo conservará tal cual. Si desea conservarlo varias semanas, aplique sobre toda la superficie de la grasa una hoja de celofán que sobresalga del tarro. Tápelo herméticamente y guárdelo en lugar fresco.

Con el pâté de campagne, Maigret bebe un Cornas.

(Se llama «cuatro especias» a una mezcla de pimienta blanca y clavo molidos, canela en polvo y nuez moscada rallada.)[1]

1. Los textos que figuran entre paréntesis a continuación de las observaciones del autor corresponden a la edición española. Su objetivo es aclarar algunos datos gastronómicos para el público de nuestro país.

Limpie un hígado de cerdo, de tamaño mediano, eliminando la piel y todas las membranas. Páselo por la máquina de picar carne hasta obtener un puré.

Pique 500 g de carne magra de cerdo y la misma cantidad de tocino gordo fresco.

Mezcle bien todas estas carnes, en un cuenco, y añada 1 diente de ajo y 3 escalonias grises majadas, sal, pimienta y una pulgarada de cuatro especias.

Escurra un trozo de redaño de buen tamaño, previamente puesto a remojar durante unas horas en agua templada. Enjúguelo. Extiéndalo sobre una mesa.

Disponga el contenido del cuenco en medio del redaño. Levante los bordes de éste y dóblelos holgadamente unos sobre otros, formando una especie de pelota de rugby bien cerrada.

Coloque en el fondo de una olla 5 o 6 cortezas delgadas de tocino gordo. Coloque el redaño relleno en el centro. Disponga alrededor huesos de cerdo y 1 hueso de ternera troceados, 1 cebolla y 1 zanahoria cortada a rodajas, y 1 ramillete de hierbas aromáticas. Vierta encima un vaso de vino blanco seco y un vasito de licor de endrina. Tape la olla, introdúzcala en el horno y déjela 2 horas y media a fuego suave.

Durante la cocción, vaya rociando el pâté con el jugo que se formará en la olla.

Terminada la cocción, cuando el pâté presente un atractivo color dorado, retírelo con precaución y escúrralo. Póngalo en un cuenco redondo, haciendo presión sobre él para que se amolde, y déjelo enfriar.

Derrita un poco de manteca de cerdo. Viértala en el cuenco, sobre el pâté tibio, de manera que lo englobe por completo y lo recubra con una capa de unos 2 cm. Deje enfriar el pâté y guárdelo en el refrigerador.

«Andouillettes»

Comió sin apetito el asado de ternera y su esposa se preguntó por qué le decía él, de repente:

—Mañana nos harás unas «andouillettes»...

MAIGRET ET LE CLIENT DU SAMEDI

Servían la «andouillette» rodeada de patatas fritas... Maigret llenaba los vasos.

MAIGRET ET LE FANTÔME

—¿Qué hay para comer?

—Tenemos «andouillette»... Pero si prefiere un bistec...

—«Andouillette» —decidió Maigret en el acto.

MAIGRET ET L'INDICATEUR

—¿Qué tal se come en el Petit Saint-Paul?

—Cocina la dueña y, si le gustan las «andouillettes», no las encontrará mejores en todo el barrio.

MAIGRET ET LE VOLEUR PARESSEUX

A Maigret le gustan las patatas fritas y constituyen su acompañamiento habitual para la «andouillette». Yo prefiero una hortaliza ligera y que contrapese la grasa del embutido, como por ejemplo los berros.

He aquí la receta del restaurante La Cloche d'Or, que la sirve así:

Un puré de berros cocidos con arroz de grano largo americano y una cebolla, y al que se le añade un poquitín de crema de leche y un puñado de berros crudos picados muy menudo.

Con las «andouillettes», Maigret bebe un Beaujolais-Villages.

(La «andouillette» es un embutido que se prepara con las tripas y el estómago del cerdo, con asadura y cuajar de ternera, previamente cocidos en caldo o leche. Se come asada o frita.)

Elíjanse «andouillettes» elaboradas según la tradición, es decir con tripas no cortadas, sino atadas.

La «andouillette» de Troyes (o estilo Troyes) es la más conocida, pero en Francia existen un poco por todas partes, por ejemplo en Vouvray, o en Châtillon-sur-Loire, Lyon, Châtillon-sur-Chalaronne, Aubagne, Ébreuil, etc.

Pinche cada «andouillette» con la punta de un cuchillo, en una docena de puntos.

Póngalas sobre la parrilla.

Aumente progresivamente la llama, procurando que la piel se resquebraje y se dore, pero sin quemarse.

Suflé Marie du Port

La pareja llegó a las ocho y se sentaron inmediatamente a la mesa, puesto que el primer plato era un suflé...

MAIGRET SE DÉFEND

He aquí una receta de salsa bechamel:

Ponga en una cacerola de fondo grueso 30 g de mantequilla, 50 g de cebollas cortadas a finas laminillas, 50 g de zanahorias cortadas a dados, una ramita de apio y la parte blanca de un puerro, finamente cortados. Tape y deje rehogar 10 minutos a fuego suave. Saque las hortalizas, resérvelas; agregue ahora 30 g de mantequilla, y a continuación 30 g de harina. Remueva con una cuchara de madera, a fuego suave, para cocer el rojo, pero sin que tome color. Bañe con 3/4 de litro de leche hirviendo y remueva la salsa hasta que rompa a hervir. Agregue entonces sal, pimienta, nuez moscada y las hortalizas reservadas. Deje que termine la cocción con muy leve hervor durante 1/2 hora, pero sin permitir que se pegue. Pase la salsa por el colador chino.

Con el suflé Marie du Port, Maigret bebe sidra.

Pique 100 g de jamón dulce e incorpórelo a 1/2 l de bechamel tibia.

Agregue 100 g de colas de camarones peladas y 50 g de queso rallado, y a continuación, una por una, 4 yemas de huevo.

Bata 5 claras de huevo a punto de nieve muy firme.

Añada a la mezcla un tercio de las claras batidas, amalgamando bien, y vierta después el resto, esta vez sin mezclar demasiado.

Unte abundamentemente con mantequilla fina de Isigny un molde para suflé.

Vierta la preparación en el molde, que debe llenarse hasta sus 2/3 partes, y métalo en el horno graduado a temperatura moderada.

Deje cocer durante 1/2 hora, aproximadamente. Sirva el suflé apenas desborde el molde.

Suflé de los Terranovas

Habían llegado a las cinco al Hotel de la Plage, donde madame Maigret empezó en seguida a arreglar la habitación a su gusto. Después cenaron.

AU RENDEZ-VOUS DES TERRE-NEUVAS

Lo importante es desalar perfectamente el bacalao, ya que la sal de conservación no es la sal de cocción.

Con el suflé de los Terranovas, Maigret bebe un Gros-Plant nantés.

Tenga en remojo durante 24 horas 1 kg de bacalao bien carnoso. Póngalo después en una cacerola, cúbralo con agua y cuézalo hasta que casi rompa a hervir; luego, reduzca la llama y deje que siga cociendo durante 10 minutos, evitando llegar a la ebullición.

Escurra el bacalao, colóquelo en un plato caliente y elimine la piel y las espinas. Deshilache la carne y disponga estos trocitos en otra cacerola, previamente frotada con un diente de ajo.

Maje el bacalao, échele sal si es necesario, y añada pimienta, nuez moscada rallada y un picadillo de trufa. Ligue con 2 cucharadas de crema de leche hasta conseguir una mezcla homogénea, pero consistente. Ponga la cacerola al baño maría.

En una tercera cacerola, trabaje con el batidor, a fuego muy suave, 2 yemas de huevo con 8 cl de bechamel.

Bata 4 claras de huevo a punto de nieve firme. Incorpórelas poco a poco a la bechamel.

Bata, al lado del fuego, 2 yemas de huevo con 1 cucharada sopera de agua. Añada a la «mousse» así obtenida 20 cl de aceite, algo más que tibio, y siga batiendo, como para hacer una mayonesa. Se trata de una salsa Mireille.

Disponga 4 tartaletas de hojaldre o 4 rebanadas de pan de molde tostadas.

Sobre cada una de ellas, coloque, formando montículo, 2 cucharadas soperas del bacalao mantenido al bañomaría. Recubra con 4 cucharadas de la preparación para suflé y espolvoree con queso parmesano. Introdúzcalas en el horno caliente y deje cocer durante 6 minutos.

Sirva las tartaletas en platos calientes, cubriéndolas con la salsa Mireille.

Quiche de Lorena

Había para cenar quiche de Lorena; lo supo por el olor que salía de la cocina.

MAIGRET ET LE CLIENT DU SAMEDI

Puede añadirse a la «migaine» un puñado de queso de Comté, rallado.

Con la quiche de Lorena, Maigret bebe un gris de Toul.

Mezcle 100 g de manteca de cerdo y 200 g de mantequilla fresca con 500 g de harina. Añada 15 g de sal y agua suficiente para elaborar una pasta brisa. Déjela reposar.

En un cuenco, mezcle 1/2 l de crema de leche espesa y 2 huevos frescos. Sazone ligeramente con sal y bata hasta obtener una mezcla homogénea. Esto es lo que, en Lorena, se llama la «migaine».

Extienda la pasta con el rodillo, hasta conseguir una lámina muy delgada, y guarnezca con ella una tartera ligeramente untada con mantequilla. Pinche el fondo con las púas de un tenedor.

Corte mechas finas de tocino ahumado, tras haber eliminado la corteza, blanquéelas un segundo, séquelas y dispóngalas concéntricamente, tocándose unas con otras, sobre la pasta, haciendo presión para que se adhieran a ella. Llene los espacios vacíos con trocitos de mantequilla fresca.

Vierta poco a poco la «migaine» en la tartera, y meta ésta en el horno caliente. Deje cocer durante 25 minutos, pinchando con un tenedor las burbujas que puedan formarse.

Vaciar el molde apenas salida la quiche del horno. Sírvala 20 minutos después.

Quiches de Turena

—Adivina lo que he preparado.
—¡Quiches!
No era difícil adivinarlo, dado que perfumaban toda la casa.

CHEZ LES FLAMANDS

Si quiere usted preparar personalmente sus «rillettes», he aquí una receta:

Ponga al fuego 1 kg de pella o grasa fresca de cerdo, cortada a dados pequeños. Deje que se derrita, hasta que los torreznos estén dorados en el fondo de la cazuela. Añada entonces 4 kg de carne fresca de cerdo en trozos pequeños, sal y pimienta, y deje cocer 6 horas a fuego suave. Vierta la mezcla, aún tibia, en un mortero y májela largo tiempo, antes de meterla en tarros.

Con las «quiches» de Turena, Maigret bebe un Vouvray seco.

Prepare una pasta brisa, con mantequilla. Déjela reposar y después guarnezca con ella pequeños moldes para tartaleta. Pinche el fondo con un tenedor.

Cubra el fondo de las quiches con una capa de «rillettes» de Tours, de 1/2 cm. Espolvoree con perejil finamente cortado.

Bata 4 huevos enteros con una pizca de sal. Deslía con un poco de leche tibia, utilizando el batidor, agregue 1 dl de crema de leche espesa y acabe de llenar las tarteletas con esta mezcla.

Póngalas a cocer durante 20 minutos a horno caliente.

Filetes de arenque

—Sírvanos, ante todo, el Beaujolais de la casa. ¿Qué hay en el menú?

—Unas «andouillettes» que han llegado esta mañana de Auvernia.

Para precederlas, Maigret eligió unos filetes de arenque.

LA FOLLE DE MAIGRET

Se servirán, al mismo tiempo, unas rebanadas de pan de payés ligeramente tostadas y mantequilla semisalada, ya que los arenques así preparados no deben estar salados en absoluto.

Con los filetes de arenque, Maigret bebe un Beaujolais primeux.

Compre dos paquetes de filetes de arenque. Lávelos con leche y déjelos en remojo 48 horas en esa misma leche. Escúrralos y séquelos con papel absorbente.

En un cuenco ovalado, de barro, prepare un lecho de rodajas de zanahoria. Disponga encima una gruesa capa de filete de arenque, con unos granos de pimienta y unos clavos de especia, rodajas finas de zanahoria y cebolla, otra capa de filetes de arenque y una capa de rodajas de cebolla. Vierta aceite de oliva hasta formar una capa de 1/2 cm sobre los filetes. Cubra el cuenco con un papel parafinado y déjelo 48 horas en lugar fresco.

Cueza en agua, con su piel, unas patatas de buena calidad y que no se deshagan. Terminada su cocción, escúrralas y séquelas unos minutos a horno caliente. Sírvalas con los filetes de arenque.

Pizza napolitana

Maigret encontró, en una calle lateral, un pequeño restaurante italiano y, al ver su horno, le entró el capricho de comer una pizza.

MAIGRET ET L'HOMME TOUT SEUL

He aquí una receta para el puré de tomate: caliente 2 cucharadas soperas de aceite de oliva en una sartén para saltear. Agregue 1 cebolla picada y rehóguela durante unos minutos. Añada entonces 3 tomates toscamente troceados y sin escurrir, y 3 cucharadas de tomate concentrado, 1 cucharadita de albahaca fresca finamente cortada, 1 de azúcar en polvo, sal y pimienta negra recién molida. Deje cocer a fuego lento, con el recipiente medio tapado, removiendo de vez en cuando hasta que la salsa se espese. Pásela por un tamiz fino y rectifique la sazón.

Con la pizza napolitana, Maigret bebe Chianti.

Deslía 300 g de harina y 15 g de levadura de panadero con 1 dl de agua y una pulgarada de sal. La masa así obtenida debe tener el aspecto de masa de panificación. Déjela levar durante 1 hora.

Trabaje la masa levada unos instantes y, a continuación, extiéndala dándole la forma de una torta con los bordes ligeramente alzados, de 1,5 cm de espesor.

Coloque esta torta sobre una placa de hornear espolvoreada con harina de maíz y déjela reposar 1/2 hora en ambiente tibio.

Vierta sobre la torta 300 g de puré de tomate. Disponga encima 150 g de mozzarella cortada a finas láminas, y después 150 g de filetes de anchoa en aceite: Rocíelo todo con 50 g de aceite de oliva de primer prensado en frío. Espolvoree con tomillo.

Ponga a cocer a horno caliente durante unos 35 minutos.

HUEVOS

Huevos al plato

Tres o cuatro años más trabajando para los demás y me retiraré a una casita que he comprado en Cagnes, donde sólo cocinaré para mí. Huevos al plato y costillitas.

MAIGRET AU PIGRATT'S

La dimensión del plato es muy importante. Si es demasiado grande, la clara, esparcida en una fina capa, se endurecerá antes de que se haya cocido la yema. Convienen, pues, platos individuales, de porcelana refractaria y dimensión apta para una ración (2 huevos).

Con los huevos al plato, Maigret bebe un Domaine des Clarettes (rosado de Provenza).

Ponga 12 g de mantequilla en un plato y caliéntelo unos segundos, en el horno, para que la mantequilla se derrita.

Cuando la mantequilla esté bien repartida en toda la superficie, casque sobre ella 2 huevos.

Meta el plato en el horno caliente (conviene que el calor proceda de arriba), 3 o 4 minutos como máximo. Sazone la clara con sal y espolvoree la yema con un poco de pimienta.

Tortilla de finas hierbas

—¿Qué comerás? ¿Una tortilla de finas hierbas?

LA PATIENCE DE MAIGRET

Había una tortilla de finas hierbas muy jugosa, y Maigret ni siquiera le prestaba atención...

L'AMI D'ENFANCE DE MAIGRET

Hay que utilizar una sartén de fondo grueso, reservada únicamente para la tortilla. Esta sartén nunca ha de fregarse, sino que se limpiará con una almohadilla de papel de periódico y sal gruesa, mientras esté todavía caliente. Si teme que no le salga bien una tortilla de gran tamaño, prepare dos sartenes, ya que es más fácil hacer dos tortillas de tres huevos que una sola de seis huevos.

Con la tortilla de finas hierbas Maigret bebe un Vouvray seco.

Casque 6 huevos, separando las claras de las yemas, en dos cuencos.

Bata las yemas con un tenedor, añadiendo 10 g de mantequilla en trozos muy pequeños, sal y pimienta. Bata las claras a punto de nieve ligera. Mezcle el contenido de los dos cuencos.

Derrita en una sartén de fondo grueso 30 g de mantequilla. Apenas ésta empiece a tomar color, vierta de golpe, en medio de la sartén, los huevos batidos.

Sostenga el mango de la sartén con una mano y con la otra remueva los huevos, describiendo círculos con el dorso de un tenedor desde los bordes hacia el centro. Cuando los huevos adquieran la consistencia de unos huevos revueltos, sacuda un poco la sartén para que la masa de los huevos se desprenda del fondo. Deje pasar unos segundos para concluir la cocción.

Corte finamente perejil, perifollo, estragón y cebolletas en partes iguales, para obtener unas 3 cumplidas cucharadas soperas. Vaya esparciendo las hierbas sobre la superficie de la tortilla.

Con la ayuda de dos tenedores, doble un tercio de la tortilla hacia el centro y después haga lo mismo con el otro lado para doblarla en tres partes, como una servilleta.

Levante un poco la tortilla doblada y deslice debajo de ella un trocito de mantequilla fresca. Pinche con un tenedor otro trozo de mantequilla y páselo por la superficie para dar a la tortilla un brillo atractivo. Sírvala.

Tortilla de la granjera

Había tres huevos en el gallinero. Maigret insistió en hacer la tortilla y ella se reía al verle batir los huevos, yemas y claras por separado.

MAIGRET SE FACHE

No se echa sal a los huevos, ya que la cocción libera la sal del jamón.

Con la tortilla de la granjera, Maigret bebe un Bourgueil del año.

Corte a dados pequeños 100 g de jamón del país. Échelos en mantequilla derretida y sofríalos en ella durante 2 a 3 minutos.

Corte 4 rebanadas cuadradas de pan de payés, del grosor de un dedo. Dórelas en la misma sartén, por ambos lados.

Unte con mantequilla una fuente honda de hornear y disponga en ella las rebanadas. Salpimente.

Casque 6 huevos, separando las yemas de las claras. Bata las yemas con un tenedor. Espolvoree con una pizca de pimienta. Bata las claras a punto de nieve ligera. Mézclelo todo y viértalo sobre el pan. Distribuya encima de éste los dados de jamón.

Meta la fuente en el horno (calor desde abajo) y cueza de 8 a 10 minutos. Espolvoree con perejil finamente cortado y sirva.

CRUSTÁCEOS Y MARISCOS

Vieiras salteadas (Coquilles Saint-Jacques sautées)

Después vio que ella servía una vieira, un asado de ternera y espinacas.

LE CHIEN JAUNE

Para asegurarse de que el molusco esté vivo, elija unas vieiras pesadas y bien cerradas. Las del canal de la Mancha son las mejores.

Con las vieiras, Maigret bebe un vino de Jasnières.

(Ante la dificultad de traducir a gusto de todos, no sólo el término en sí de «coquilles Saint-Jacques», sino también la especie de molusco, y tras dudar entre dejar el nombre francés u optar entre una copiosa nomenclatura —conchas de Santiago, vieiras, renexas, volandeiras, zamburiñas...— más de nuestras latitudes, el traductor se ha inclinado por la vieira, al considerarla como un término más generalizado. Subraya también que la primacía dada a la especie del canal de la Mancha es una opinión del autor, y cualquier objeción en este sentido debe dirigirse a él.)

Lave y cepille 5 vieiras por comensal, con agua abundante, y a continuación, colóquelas sobre una plancha calentada para que se abran.

Extraiga la carne y las huevas (el coral), lávelas, séquelas sobre un lienzo y salpiméntelas.

Pase las vieiras por harina y sacúdalas para evitar que se les adhiera una cantidad excesiva.

Caliente en una sartén aceite de cacahuete y mantequilla a partes iguales, y dore las vieiras a fuego muy suave, dándoles vuelta de vez en cuando (tiempo de cocción: 7 a 8 minutos).

Escurra las vieiras y dispóngalas en un plato caliente. Derrita en una cazuela un poco de mantequilla fresca. Agréguele zumo de limón. Viértalo sobre las vieiras. Espolvoréelas con estragón finamente cortado.

Vieiras «Grand Langoustier»

—Hay vieiras, ¿qué te parece?
—Me apetecen las vieiras...

MAIGRET ET L'INDICATEUR

La salsa se denomina «raïto» en Provenza y se sirve generalmente con bacalao escalfado.

Con las vieiras «Grand Langoustier», Maigret bebe un vino blanco nizardo de Bellet.

Tamice una cucharada colmada de harina sobre una hoja de papel y hornéela hasta que adquiera un color marrón claro.

Rehogue en 4 cucharadas de aceite de oliva de primer prensado en frío 2 cebollas grandes finamente cortadas. Espolvoréelas con harina y remueva con cuchara de madera. Bañe poco a poco con 1/2 l de vino blanco seco y otro tanto de caldo de ave.

Lleve a ebullición, añada 200 g de tomates triturados, 4 dientes de ajo majados, 1 clavo de especia, 1 ramillete de hierbas aromáticas, sal y pimienta, y cueza a fuego bajo durante 1 hora, aproximadamente.

Pase esta salsa por el tamiz, aplicando una cuidadosa presión. Póngala de nuevo al fuego en otra cacerola, lleve a ebullición y después déjela entibiarse y agréguele una docena de nueces picadas, 1 cucharada de alcaparras trituradas y una veintena de aceitunas negras deshuesadas. Prosiga la cocción sin permitir que llegue a hervir.

Cepille y lave con agua corriente 16 bonitas vieiras. Coloque los moluscos sobre una placa caliente para que se abran.

Extraiga las carnes, conservando solamente las nueces de los moluscos y los corales. Lávelos. Póngalos en una cacerola, cubriendo a ras con agua fría, y lleve a ebullición. Deje cocer durante 2 minutos. Escurra.

Disponga las vieiras en una fuente refractaria. Cúbralas con una mitad de vino blanco y otra mitad de agua en la que se haya disuelto un poco de mantequilla. Sazone ligeramente con sal. Cubra con un papel parafinado y brasee las vieiras al horno graduado a temperatura media, durante 10 minutos. Escúrralas y séquelas sobre un lienzo.

Sofría ligeramente las vieiras con un poco de aceite de oliva caliente. Escúrralas de nuevo y colóquelas sobre un paño para eliminar todo rastro de aceite. Después agrégueles la salsa y sírvalas calientes.

Conchas de langosta

Volvió a llamarla cuando ella se encontraba ya en el rellano:

—Cómprame una concha de langosta.

Su plato predilecto cuando eran pobres y él se detenía para contemplar los escaparates de las charcuterías.

MAIGRET S'AMUSE

Una estancia excesivamente prolongada en el refrigerador puede descomponer la mayonesa.

Con las conchas de langosta, Maigret bebe un muscadet de Sèvre-et- Maine, de primer poso.

Prepare un caldo corto sustancioso, con vino Muscadet. Cueza en él una langosta pequeña. Déjela enfriar en su caldo.

Escurra la langosta, sáquela por completo de su caparazón, obteniendo toda la carne de la cola y las patas, y maje aparte, en el mortero, el coral.

Cueza una zanahoria y un nabo, unas judías verdes al vapor, y unas yemas de espárragos. Córtelo todo a dados para hacer una macedonia. Añada unas quisquillas peladas.

Prepare 2 dl de salsa mayonesa con mostaza. Agréguele el coral de la langosta, majado. Mezcle con ella las hortalizas previamente enfriadas. Rectifique la sazón.

Reparta la macedonia en 2 conchas grandes y profundas. Añada equitativamente la carne de la langosta y después la cola cortada a finas rodajas.

Derrita gelatina de pescado (o gelatina en polvo). Aparte el recipiente de la lumbre, agregue a la gelatina un poco de vino blanco seco y una pizca de pimienta de Cayena. Cuando esté tibia y casi fluida, viértala con una cuchara sobre las conchas.

Deje enfriar las conchas a la temperatura ambiente y no las meta en el refrigerador hasta breves momentos antes de servirlas.

Bogavante a la americana

—Pues entonces tomaremos un bogavante a la americana. Pero antes me apetecen unos buenos entremeses. ¡Camarero!

LE REVOLVER DE MAIGRET

En cocina, los aguardientes de grano siempre son mejores que otros aguardientes. Si puede utilizar un whisky de malta, tanto mejor.

Con el bogavante a la americana, Maigret bebe un Puligny-Montrachet 1967.

Ponga en una sartén, con 1 cucharada de aceite de oliva hirviente, 2 zanahorias y 1 cebolla cortadas a dados pequeños, 1 diente de ajo majado y 1 ramillete constituido por perejil, tomillo, apio y laurel. Cueza unos minutos, sin dejar que tome color.

Trocee en vivo 2 bogavantes bretones pequeños de unos 600 g cada uno; para ello, corte la cola en segmentos, hienda longitudinalmente el cuerpo en dos y rompa el caparazón de las pinzas, golpeándolo con el borde grueso del trinchante. Elimine en cada mitad del cuerpo el saquito de piedras y tírelo. Aproveche el coral.

Eche los trozos de bogavante en 4 cucharadas de aceite de oliva hirviente. Salpimente. Remueva para que los trozos adquieran una coloración roja por todas partes. Disponga los trozos en una sartén de saltear y flaméelos con 1 dl de whisky. Agregue media botella de vino blanco seco y déles un hervor.

Añada al bogavante 3 tomates triturados y deje hervir.

Agregue a continuación la «mirepoix» de hortalizas, bien escurrida, y deje cocer con el recipiente destapado, durante 20 minutos.

Trabaje 100 g de mantequilla con 1 cucharada de fécula, el coral previamente reservado, 5 ramitas de estragón finamente cortadas, sal y, sobre todo, pimienta de Cayena.

Saque los trozos de bogavante de la sartén y dispóngalos en un plato caliente cerca del fuego. Pase su jugo de cocción por un tamiz fino, haciendo presión para obtener toda su sustancia.

Vierta en una cacerola la salsa tamizada. Una vez tibia, añada la mantequilla amasada y bata la mezcla con el batidor hasta conseguir una trabazón perfecta. Rectifique la sazón. Vierta la salsa sobre el bogavante y sírvalo.

Bogavante con mayonesa

—¿Qué te parecería, para este mediodía, un bogavante con mayonesa?

LA PATIENCE DE MAIGRET

Si le gusta el bogavante bien frío, guárdelo en lugar fresco, junto a una ventana, pero nunca en el refrigerador, a menos que se trate solamente de unos minutos.

Con el bogavante con mayonesa, Maigret bebe un Pouilly-Chasselas.

Prepare un buen caldo corto, y corte a finas rodajas 2 cebollas y 2 zanahorias. Póngalas en una cacerola, con perejil, tomillo, una ramita de hinojo, mejorana, un puñado discreto de sal marina gruesa, 10 granos de pimienta negra, una pulgarada de pimienta de Cayena y 1 litro de agua. Añada una botella de vino blanco seco y lleve a ebullición. Tape el recipiente.

Cueza este caldo corto a fuego suave durante 1/2 hora, y después reanude la ebullición.

Sumerja entonces en el caldo un buen bogavante de 800 g (para 2 personas), vivo y con la cola sujeta por una goma. Tape el recipiente y espere a que vuelva a hervir. Reduzca el fuego y deje escalfar 1/4 de hora, dando dos o tres veces vuelta al bogavante durante esta cocción.

Deje enfriar el bogavante en el caldo corto.

Sírvalo todavía casi tibio, con la mayonesa (ver página 23) aparte. El bogavante habrá sido partido en dos longitudinalmente, y las patas arrancadas y parcialmente quebradas.

Bogavante a la crema

Se apresuró a meterse un buen trozo de bogavante a la crema en la boca.

L'INSPECTEUR CADAVRE

En cocina, hay que utilizar aguardientes jóvenes. Cabe sustituir el coñac por whisky de malta. Cabe reemplazar también el Madeira por un Noilly.

Con el bogavante a la crema, Maigret bebe un Haut-Brion blanco. (El Noilly es un vermú francés, de unos 17°.)

Tome un bogavante vivo de 1 kg e hienda su caparazón en toda su longitud. Elimine el saquito de piedras situado cerca de la cabeza y recoja el coral y la parte cremosa. Corte la cola en segmentos y rompa las pinzas.

En sartén de saltear, con mantequilla y aceite de cacahuete, a partes iguales, sofría los trozos de crustáceo, removiendo para que adquieran uniformemente un color rojo. Salpimente y añada una pulgarada de pimienta de Cayena.

Cuando los trozos estén bien rojos, añada 1 dl de coñac y otro tanto de vino de Madeira. Deje reducir. Agregue 3 dl de crema de leche fresca. Tape y deje cocer a fuego lento 1/4 de hora.

Retire los trozos de bogavante y manténgalos calientes en una fuente de servicio. Desprenda la carne aún adherida al caparazón y añádala también.

Maje el coral y la parte cremosa, pase por el tamiz y mézclelos con 50 g de mantequilla.

Deslía en un cuenco 3 yemas de huevo con 1 dl de crema de leche fresca. Agregue la mezcla de mantequilla y coral.

Vierta esta trabazón en la salsa, apartando algo ésta de la lumbre, removiendo sin cesar y sin dejar hervir. Rectifique de sal. Vierta sobre el bogavante.

«Mouclade» de los mariscadores

—¿Le gusta la «mouclade»?
—¿Qué es?
—Mejillones a la crema... Un plato local.

A pesar suyo, Maigret trataba de identificar un sabor de... ¿de qué podía ser? Una pizca... apenas un aroma...

—¡Curry! —exclamó, triunfal—. Apuesto cualquier cosa a que aquí hay curry...

LA MAISON DU JUGE

Cabe eliminar por completo las valvas de los mejillones; con ello resulta más fácil comer este plato, pero también menos divertido.

Con la «mouclade» de los mariscadores, Maigret bebe un blanco de la isla de Ré.

Rasque y después lave abundantemente bajo el grifo 3 kg de mejillones de vivero.

Ponga en una olla de buen tamaño 1/4 de l de vino blanco seco, 125 g de mantequilla fresca, 8 escalonias y 4 dientes de ajo majados, y una cumplida pulgarada de pimienta. Lleve a ebullición y eche los mejillones en la olla. Tápela.

Deje cocer unos minutos, sacudiendo la olla a menudo.

Cuando los mejillones estén abiertos, vierta el líquido de la olla, a través de un tamiz, en otro recipiente.

Lleve este líquido a ebullición; agregue una pizca de comino y 2 cucharadas soperas de curry. Deje hervir durante 2 minutos.

Eche en la cacerola 40 g de mantequilla amasada con harina. Remueva bien con cuchara de madera. Aparte del fuego, añada 1 dl de leche hirviente y después 2 dl de crema de leche. Pase por el tamiz.

Quítele a cada mejillón su valva vacía y disponga las demás en una fuente honda. Cubra los mejillones con la salsa y sírvalos.

Caracoles de Borgoña al Chablis

En la vitrina de una charcutería vio caracoles ya preparados, de los que desbordaba la mantequilla con perejil que parecía barnizarlos. Como a su mujer no le gustaban los caracoles, él rara vez los comía. Decidió pues darse ese gusto esa noche, aprovechar la ocasión, y dio media vuelta para dirigirse a un restaurante cerca de la Bastilla que los servía como especialidad.

MAIGRET EN MEUBLÉ

Del mes de octubre al de abril, el caracol llamado de Borgoña (Helix pomatia Linnei) *se oculta y tapa la abertura de su concha con una secreción sólida, para hibernar.*

Con los caracoles de Borgoña al Chablis, Maigret bebe un Chablis Fourchaume.

Tome 4 docenas de caracoles (tipo Borgoña grande) tapados. Retire el opérculo calcáreo. Lávelos varias veces, cambiando el agua. Púrguelos 2 horas en vinagre y sal gruesa. Lávelos de nuevo varias veces y después blanquéelos 10 minutos.

Escúrralos y enjuáguelos con agua fría. Escúrralos de nuevo. Extráigalos de las conchas con una aguja de hacer punto, dejándoles el hígado y las partes sexuales.

Ponga en una cacerola los caracoles con media botella de Chablis y doble cantidad de agua, 2 cebollas cortadas a laminillas, 1 zanahoria cortada en cuatro, 1 ramillete de hierbas aromáticas, 3 dientes de ajo chafados, un puñado de sal y un poco de nuez moscada rallada. Cueza durante 2 horas a fuego suave, sin dejar que llegue a hervir. Deje enfriar los caracoles en el líquido de cocción.

Pique muy menudo 10 g de perejil, 6 g de escalonias y 6 g de ajo sin germen. Añada 7 g de sal y 1 de pimienta negra, y mézclelo todo íntimamente con 350 g de mantequilla.

Lave cuidadosamente las conchas, hirviéndolas 1/2 hora en gran cantidad de agua con unos cristales de sosa. Escúrralas. Enjuáguelas con agua corriente. Séquelas en el horno, graduado a temperatura muy suave.

Meta de nuevo los caracoles en las conchas. Rellene éstas con abundante mantequilla aromatizada, ejerciendo presión sobre la misma para cerrar herméticamente las conchas.

Disponga los caracoles con la abertura hacia arriba, bien apretados en una fuente refractaria en la cual se habrá echado un poco de Chablis y caliéntelos sobre el fogón sin que la mantequilla llegue a hervir.

Caracoles a la alsaciana

—¿Crees que vendrás a cenar? Lástima de almuerzo, había hecho unos caracoles...

Como por casualidad, cada vez que no iba a casa a comer, había uno de sus platos predilectos.

MAIGRET ET LE TUEUR

No se le deben quitar al caracol el hígado y las partes sexuales. Es lo mejor y lo más nutritivo.

Con los caracoles a la alsaciana, Maigret bebe un Riesling.

Deje ayunar 4 docenas de caracoles durante unos días, y después púrguelos 2 horas con sal gruesa, vinagre y una pulgarada de harina.

Lávelos varias veces, cambiando el agua, hasta que desaparezcan todas las mucosidades, y a continuación sumérjalos 5 minutos en agua hirviente. Escúrralos, enjuáguelos con agua fría y sáquelos de las conchas con una aguja de hacer punto.

Ponga en una cacerola 1 l de vino blanco de Alsacia (Zwicker) y otro tanto de agua. Añada 1 zanahoria y 2 cebollas cortadas a rodajas, 2 escalonias chafadas, 1 ramillete de hierbas aromáticas, sal y pimienta. Lleve a ebullición y deje hervir durante una hora, después agregue los caracoles y reanude la ebullición. Espume. Cueza a fuego lento 3 horas.

Deje enfriar los caracoles en su líquido de cocción.

Lave las conchas vacías, hirviéndolas 1/2 hora con agua abundante y unos cristales de sosa. Escúrralas. Páselas bajo el agua del grifo. Séquelas en horno graduado a temperatura muy suave.

Amase 200 g de mantequilla fresca con 15 g de perejil finamente cortado, 15 g de anís majado, 10 g de escalonias picadas, 5 g de sal fina y otro tanto de pimienta negra recién molida.

Ponga en cada concha un poco del fondo de cocción de los caracoles reducido al máximo, 1/2 cucharadita de mantequilla amasada y un caracol bien escurrido. Tape herméticamente con la mantequilla aromatizada.

Coloque los caracoles con la abertura hacia arriba en una fuente para caracoles. Métala en el horno caliente y sáquela para servirlos cuando la mantequilla empiece a formar espuma.

PESCADOS

Fritada de gobios

Masticaba los gobios crujientes y contemplaba de vez en cuando el Sena, por el que desfilaban lentamente las barcazas.

LA PREMIÈRE ENQUÊTE DE MAIGRET

Por dos veces, durante la cena, madame Maigret lo había mirado enternecidamente, la primera cuando encargó una fritada de gobios y la segunda cuando pidió, a continuación, una «andouille» a la parrilla con patatas fritas.

MAIGRET S'AMUSE

Generalmente, los pescados pequeños no se vacían. Sin embargo, ejerciendo presión con el pulgar sobre el abdomen, cabe eliminar la vejiga natatoria y el intestino.

Con la fritada de gobios, Maigret bebe un Mennetou-Salon blanco.

Seque cuidadosamente cada pescado con un lienzo seco.

Pase a continuación los gobios por un baño de cerveza, y después por harina de maíz. Sacúdalos para que ésta no se adhiera excesivamente a ellos.

Eche los pescados en aceite de freír, apenas caliente, en el que adquirirán un tono amarillento. Escúrralos. Lleve el aceite a temperatura elevada pero sin que humee. Eche de nuevo los gobios en él. Déjelos dorarse.

Escurra los pescados sobre papel de celulosa, para absorber la grasa superflua. Sazónelos con sal.

Lave unas hojas de acedera y séquelas. Corte unas finas rodajas de limón español. Páselas por una pasta de freír y fríalas aparte. Sírvalas al mismo tiempo que los gobios.

Raya a la mantequilla negra

—¿Crees que volverás para almorzar?
—Esta mañana tengo la impresión de que sí lo haré.
—¿Te gustaría pescado?
—Raya a la mantequilla negra, si la encuentras.

MAIGRET HÉSITE

Elija siempre raya «de escudo», que se reconoce por unas protuberancias óseas bajo la piel. Es la única que nunca huele a amoníaco.

Con la raya a la mantequilla negra, Maigret bebe un Aligoté.

Prepare un caldo corto con 3 l de agua y 1/2 l de vinagre de vino, 3 cucharadas de sal gruesa, 1 de pimienta en grano, 1 zanahoria a rodajas, 2 cebollas a rodajas y 1 ramillete de hierbas aromáticas abundante en perejil. Cueza 1 hora a fuego reducido. Deje enfriar.

Lave cuidadosamente una aleta de raya de escudo (1 kg, más o menos). Póngala en el caldo corto ya enfriado. Lleve lentamente hasta cerca del punto de ebullición, espume y siga cociendo a fuego lento 15 minutos.

Escurra la raya. Saque con cuidado la piel gris y la blanca. Seque con un paño o con papel absorbente. Coloque el pescado sobre una fuente muy caliente.

Ponga a calentar 75 g de mantequilla en una cacerola hasta que adquiera un color marrón caoba. Déjela enfriar unos minutos y agregue, por una taza de mantequilla, 1 cucharadita de vinagre de vino y 1 cucharada sopera de alcaparras toscamente picadas. Recaliente unos instantes y vierta sobre el pescado.

Caballas al horno

Le faltaba recorrer 200 metros para llegar a su casa, donde reinaba un olor a caballas al horno. Madame Maigret las cocía en vino blanco, a fuego lento, con abundante mostaza.

MAIGRET ET LE TUEUR

Utilice solamente caballas pescadas con caña y en la buena temporada: de marzo a noviembre. Los pescateros llaman «cuernos de caza» a las caballas que, ensartadas vivas en cañas, adquieren una forma semicircular, señal de que están frescas ya que esta rigidez cadavérica es de corta duración —24 horas—, de ahí su alto valor en el comercio y su superioridad gastronómica.

Con las caballas al horno, Maigret bebe un Muscadet de primer poso.

Vacíe unas caballas muy frescas y de carnes firmes, de unos 300 g, y practíqueles unas leves incisiones.

Prepare un picadillo de escalonias y perejil.

Introduzca en los pescados 1 ramita de tomillo, 1 pulgarada de pimienta y 1 cucharadita de Calvados. Úntelos copiosamente con mostaza Corcellet al limón.

En una fuente refractaria, disponga las caballas sobre la capa de perejil y escalonias picadas. Vierta encima 2 vasos de vino blanco seco. Recubra con un papel parafinado y cueza a fuego medio durante unos veinte minutos.

Salmonetes a la parrilla

Habían bebido, con unos salmonetes a la parrilla, un Pouilly Fumé cuyo aroma todavía flotaba a su alrededor.

MAIGRET HÉSITE

La mantequilla de anchoa se obtiene mezclando 75 g de mantequilla fina con 50 g de filetes de anchoas salados y bien lavados, y pasándolo todo por un tamiz fino. Entre todas las hierbas aromáticas, la albahaca me parece la más «distinguida».

Con los salmonetes a la parrilla, Maigret bebe un Pouilly Fumé.

Elija unos salmonetes de roca pequeños (febrero a junio). Se venden escamados y no hay que vaciarlos. Límpielos y practique unas incisiones al bies en la parte carnosa de la espalda.

Unte los pescados con aceite de oliva de primer prensado en frío y, a continuación, espolvoréelos con hierbas aromáticas, a escoger: tomillo, hinojo, romero, albahaca, mejorana.

Coloque los salmonetes sobre una parrilla aceitada y cuézalos por ambos lados. Sírvalos con mantequilla de anchoa aparte.

Lenguado de Dieppe

Hubiera podido creerse que lo que así contemplaba era algo tan neutro y tan poco interesante como una pared encalada, y que no pensaba en nada, excepto en el lenguado de Dieppe que acababa de pedir.

MAIGRET CHEZ LE MINISTRE

Es mejor el lenguado de roca que el lenguado de playa. Su carne es más firme y más gustosa. Cueza personalmente los camarones, en agua salada.

Con el lenguado de Dieppe, Maigret bebe un Rully.

Prepare un fumet de pescado con los recortes de 2 lenguados de buen tamaño, cebolla claveteada con 1 clavo de especia, ramillete de hierbas aromáticas y zanahorias.

Coloque los lenguados en una fuente, tras haberles quitado la piel negra y la blanca, con 40 g de mantequilla y 3 escalonias picadas. Vierta sobre ellos el fumet reducido (a 1 dl) y 2 dl de vino blanco seco. Todo ello ha de llegar apenas a la altura de los pescados. Sazone con sal y pimienta. Lleve a ebullición.

En plena ebullición, tape la fuente con un papel parafinado y métala en el horno unos doce minutos.

Corte a dados 4 bonitos champiñones y póngalos en una cacerola con 20 g de mantequilla, el zumo de un limón y un poco de vino blanco. Lleve a ebullición y cueza durante 3 minutos.

Saque los lenguados con una espumadera, póngalos sobre un paño y desbárbelos. Seguidamente, colóquelos sobre una fuente de servir (caliente) y manténgalos en lugar caliente.

Reduzca a tres cuartos el líquido de cocción de los lenguados. Añada un poco de mantequilla amasada con harina y una cucharadita de mantequilla suplementaria. Sacuda el recipiente para mezclar bien. Agregue un poco más de mantequilla y después 2 cucharadas de crema de leche fresca.

Incorpore a esta salsa los champiñones, un puñado de camarones pelados y unos quince mejillones (abiertos, con un ramito de perejil y un poco de vino blanco). Rectifique la sazón.

Cubra los lenguados con esta salsa y sírvalos.

Lenguado a la normanda

Éste estaba escrito en una pizarra. Había lenguados a la normanda y asado de ternera.

MAIGRET S'AMUSE

Y al abrirle el apetito el olor a sopa, Maigret se sentó a la mesa en un restaurante célebre por sus lenguados a la normanda y sus callos a la moda de Caen.

LES NOUVELLES ENQUÊTES DE MAIGRET

La depuración de una salsa tiene por objeto aclararla. Se trata, mediante una ebullición bien administrada, de llevar a la superficie, para eliminarlas, todas las impurezas en suspensión en la masa. La cacerola utilizada ha de tener fondo grueso y ser bastante alta. La salsa debe llegar al borde, lo que permitirá espumarla horizontalmente. La ebullición localizada en un solo punto de su superficie eleva hasta ésta inmóvil la grasa y las impurezas que se acumulan en ella, en forma de una arruga espumosa. Cuando esta arruga se espesa, hay que quitarla con una cuchara. Repita la operación varias veces.

Con el lenguado a la normanda, Maigret bebe un Corton blanco de 1967.

Deje «sudar» poco a poco, con mantequilla, las cabezas y recortes de 2 lenguados de 450/500 g, junto con 1 o 2 cabezas de merluza, 1 zanahoria y 1 cebolla cortadas a rodajas, 2 escalonias, unos tallos de perejil, tomillo y laurel, removiendo y sin dejar tomar color. Bañe con 3 dl de vino blanco seco y 7 dl de agua. Añada 2 o 3 champiñones picados y un poco de sal. Lleve a ebullición. Espume. Cueza sin tapar 1/2 hora. Deje enfriar ligeramente y pase por el tamiz.

Haga un rojo blanco con 30 g de mantequilla y un poco de harina. Vierta, en pequeñas cantidades, la mitad del fondo de pescado y remueva hasta llevar a ebullición. Reduzca entonces el fuego y deje cocer 1/2 hora, espumando de vez en cuando.

Lave cuidadosamente 1 kg de mejillones. Hágalos abrirse en el resto del fondo de pescado. Elimine las valvas y téngalos en lugar caliente, en un cuenco, cubiertos por un poco de ese fondo.

Escalfe en el resto del fondo 150 g de camarones. Pélelos y añádalos a los mejillones. Deje los caparazones en su líquido de cocción y téngalos al fuego otros 5 minutos.

Abra y saque de sus conchas encima de un cuenco, para recoger su agua, 12 ostras pequeñas y planas de alta mar. Póngalas en una cacerola. Vierta encima su agua, colada, y lleve a ebullición. Al primer hervor, retire la cacerola del fuego. Deje enfriar. Retire las ostras con la espumadera, desbárbelas y póngalas de nuevo en su líquido de cocción.

Ponga en una cacerola, con 1 dl de agua y 1/2 dl de vinagre, 1 cebolla y 1 zanahoria cortadas a rodajas, laurel, tomillo, 4 granos de pimienta negra y una pulgarada de sal. Cueza 10 minutos y después agregue 6 cangrejos de río y tape la cacerola. Cueza 10 minutos y mantenga en lugar caliente, en el líquido de cocción.

Lenguado a la normanda

(continuación)

Pele una trufa de 100 g. Córtela a gruesas rodajas y póngalas en una cacerola con sal, pimienta y 1/2 dl de vino blanco. Tape con un paño húmedo doblado y brasee unos 10 minutos.

Unte abundantemente con mantequilla una fuente grande o una placa de hornear. Deposite en ella los dos lenguados desprovistos de su piel negra y limpios, con la espina central ligeramente desprendida a lo largo de la cabeza y la piel blanca hacia abajo. Vierta poco a poco encima, a través de una estameña, el fondo en el que se han cocido los caparazones de los camarones. Añada el zumo de medio limón. Ponga sobre los lenguados unos trocitos de mantequilla de Isigny. Cubra con un papel parafinado la fuente o placa, y escalfe los pescados en el horno, sin que rompa a hervir el jugo, entre 10 y 15 minutos según su tamaño.

Deslice los lenguados en una gran fuente de servicio calentada. Disponga alrededor los mejillones y las colas de camarones. Adorne los lenguados, alternando ostras y rodajas de trufa. Recubra la fuente con el papel parafinado antes utilizado y déjela en la entrada del horno.

Pase una docena de gobios por leche y después por harina, y fríalos de 4 a 5 minutos. Deben quedar bien dorados. Escúrralos.

Junte en una cacerola el «velouté» bien espumado y el fondo del escalfado de los lenguados, colado a través de una estameña. Agregue 2 yemas de huevo y mezcle bien, fuera del fuego, y después a fuego vivo, removiendo enérgicamente con una espátula. Añada entonces 1/2 dl de crema de leche fresca muy espesa. Dé un hervor y retire del fuego. Agregue 100 g de mantequilla en trozos pequeños y ponga de nuevo la cacerola al fuego, sin dejar hervir.

Saque los lenguados del horno. Retire el papel y deje escurrir el jugo. Vierta la salsa sobre los pescados y disponga alrededor de ellos los cangrejos de río alternándolos con los gobios fritos.

La «chaudrée»

—¿Se queda a cenar, monsieur Maigret...? Tengo «mouclade»... No olvido que nací en La Rochela, donde mi madre era pescatera, de modo que conozco las buenas recetas... ¿Ha comido alguna vez la «chaudrée fourrassienne»?

Maigret recitó:

—Una sopa de anguilas, de lenguados pequeños y jibiones.

LE VOLEUR DE MAIGRET

Pueden encerrarse los dientes de ajo en una bolsita de estameña fina, para retirarlos con mayor facilidad.

Con la «chaudrée», Maigret bebe un Graves Domaine de Chevalier, blanco.

Limpie y prepare 1 congrio pequeño (o 1 anguila de mar), y trocéelo. Agregue 3 o 4 lenguados pequeños, 2 rayas pequeñas cortadas a trozos y 3 jibiones despojados de la bolsa que contiene el líquido negro.

Ponga los pescados en una olla grande, con 15 dientes de ajo; 1 gran ramillete de hierbas aromáticas formado por perejil, tomillo, laurel y romero; sal y pimienta. Vierta encima una botella de vino blanco y, si es necesario, agua hasta que todo el pescado quede cubierto.

Lleve a ebullición y después reduzca el fuego y deje cocer a ligerísimo hervor durante 25 minutos.

Vierta en una sopera después de haber sacado el ramillete de hierbas. Distribuya unos trocitos de mantequilla de Charentes. Acompañe con unas rebanadas de pan moreno.

Bullabesa

Comió la bullabesa en un restaurante pequeño y limpio, solo en su rincón. No obtuvo de ella el placer que esperaba, debido seguramente a su estado de ánimo.

MAIGRET ET L'INDICATEUR

Se necesita un «fuego infernal» y que el encuentro del aceite y del agua hirvientes se realice de forma brusca, pues sin ello su unión no es total y la bullabesa se malogra.

Con la bullabesa, Maigret bebe un blanc de blanc de Provence Ott.

Reúna una gran cantidad y una gran variedad de pescados del Mediterráneo: rescaza, trigla, maragota, pagel, doncella, sargo, peje araña, arete, murena, escarlopina, rémol, un trozo de congrio y uno de rape, cangrejos pequeños y unas cigalas.

Ponga en una olla 2 cebollas cortadas a laminillas, la parte blanca de 1 puerro, 4 dientes de ajo, 4 tomates pelados, limpios de pepitas y troceados toscamente, 1 ramita de hinojo, tomillo y laurel, un pedazo de corteza de naranja, una pulgarada de azafrán, sal y pimienta, con 1 dl de aceite de oliva de primer prensado en frío.

Agregue los pescados de carnes firmes después de limpiarlos: rescaza, congrio, murena, rape, cigalas y cangrejos, e imprima a la olla lentos movimientos de rotación para impregnar bien los pescados con el aceite y los condimentos.

Bañe con 3 l de agua hirviente y ponga la olla a fuego muy vivo. Después de 5 a 6 minutos de gran ebullición, añada los pescados de carne blanda (maragota, sargo, doncella, pescados blancos) y continúe la ebullición de 7 a 8 minutos. Rectifique la sazón.

Prepare unas rebanadas de pan sentado, de 1 cm de espesor, y dispóngalas en una fuente honda. Coloque encima los pescados y vierta la sopa, que no debe ser clara, sino formar un caldo corto y untuoso.

Brandada de bacalao

Esta vez se trataba de una brandada de bacalao... Pardon le había telefoneado la víspera:

—¿Estará libre pasado mañana? ¿Le gusta la brandada? ¿Está a favor o en contra de las trufas?

—¡A favor!

LE REVOLVER DE MAIGRET

Puede sustituirse la trufa negra por una trufa blanca del Piamonte, de sabor un tanto aliáceo. Cabe servir la brandada con unos picatostes y ligeramente frotados con ajo, pero entonces la brandada pasa a ser provenzal. La verdadera, la del Languedoc y de Nimes, no lleva ajo.

Con la brandada de bacalao, Maigret bebe un Hermitage blanco.

Ponga a desalar, la víspera, 1 kg de bacalao grueso y de grandes hojas, bajo el chorro del agua fría.

Póngalo en una cacerola, con agua fría y a fuego suave. Apenas se forme espuma, modere todavía más el fuego y deje cocer sin llegar a ebullición durante 25 minutos. Escúrralo.

Limpie el bacalao, saque las espinas y desmenúzelo a trozos pequeños, tan delgados como sea posible.

Caliente en una cacerola de saltear 2 dl de aceite de oliva de primer prensado en frío, hasta que humee. Eche en ella el bacalao deshilachado y trabájelo con una espátula hasta obtener una pasta.

Aparte un poco la cacerola de la lumbre y agregue, poco a poco, 4 dl de aceite en un chorrito, sin dejar de remover enérgicamente con la espátula. De vez en cuando, rompa la consistencia de la brandada con 2 cucharadas de leche hirviente (2,5 dl en total, como máximo), para terminar con 1/2 dl de crema de leche fresca.

En su buen punto, la brandada debe tener la consistencia de un puré de patata y mantenerse cremosa.

Cepille cuidadosamente una trufa negra de 100 g. Trocéela finamente. Mézclela con la brandada y sirva ésta.

«Ailloli»

El dueño se acercó para proponer:

—¿Una copita de «marc»? Después del «ailloli» es obligatorio.

MON AMI MAIGRET

Puede ocurrir que el «ailloli», allioli, alioli o ajoaceite se corte, como ocurre con la mayonesa. En este caso, el aceite sube a la superficie. Vacíe el mortero, límpielo, maje otro diente de ajo y empiece de nuevo la operación, añadiendo poco a poco el «ailloli» cortado.

Con el «ailloli», Maigret bebe un Château Lacoste (Côteaux d'Aix) tinto, muy frío.

(En Francia y en Suiza se llama «marc» al aguardiente obtenido por destilación de los residuos de la uva prensada. Los más apreciados son el de Borgoña, el de Champagne y el de Châteauneuf-du-Pape.)

Desale el bacalao durante 24 horas bajo el chorro del agua fría. Escálfelo hasta casi llegar a punto de hervor, 20 minutos. Escúrralo, límpielo y colóquelo en una fuente que se mantendrá caliente.

Cueza en agua, por separado, 500 g de zanahorias y 500 g de judías verdes. Cueza en dos aguas una coliflor pequeña. Ase en el horno una remolacha de 300 g. Cueza 1 kg de patatas con su piel, reserve dos de ellas y pele las demás.

Disponga estas hortalizas (patatas, remolacha, coliflor, zanahorias y judías verdes) alrededor del bacalao.

Cueza 6 huevos duros, saque las cáscaras, córtelos en dos y adorne con ellos la fuente.

Cueza al natural 3 docenas de caracoles, vuelva a introducirlos en su concha y adorne con ellos la fuente.

Maje en el mortero 150 g de ajos pelados con 10 g de sal gruesa marina. Añada 4 yemas de huevo y las 2 patatas reservadas. Siga reduciéndolo todo en el mortero, y bátalo como una mayonesa, con aceite de oliva de primer prensado en frío.

Antes de servir, agregue un chorrito de zumo de limón al «ailloli». Sírvalo junto con la fuente de bacalao.

Paella

—He comido una paella excelente en el Clou Doré...

LA PATIENCE DE MAIGRET

La salsa de tomates frescos deberá estar muy concentrada y fuertemente especiada.

Con la paella, Maigret bebe un vino verde del Rosellón.

Cueza a la inglesa, por separado, 1/2 kilo de guisantes y 1/2 kilo de judías verdes cortadas por la mitad.

Blanquee 3 pimientos morrones y córtelos a rodajas.

Ase a la parrilla 6 salchichas.

Después de bien rascados y lavados, abra 750 g de mejillones con 1/2 vaso de vino blanco y pimienta.

Pele las colas de 200 g de cigalas.

Trocee en crudo 2 pollos tomateros (conserve los caparazones y los menudillos para hacer un caldo), corte a dados gruesos 300 g de carne magra de cerdo y 300 g de rape.

En una cacerola de saltear de cobre derrita 2 cucharadas de manteca de cerdo y rehogue 2 cebollas cortadas a finas laminillas. Añada el rape, los trozos de pollo y de cerdo y cueza durante 20 minutos.

Agregue al recipiente 2 cucharadas de salsa de tomate concentrada, 3 g de azafrán, sal, pimienta y 700 g de arroz de grano largo. Remueva con cuchara de madera.

Retire la cacerola de saltear del fuego y añada ahora las cigalas, unos cuantos mejillones sin sus valvas, los guisantes y las judías verdes, las rodajas de pimiento morrón y las salchichas. Bañe con 2 l de caldo preparado con los caparazones y menudillos de pollo, y el agua de los mejillones pasada por una estameña fina. Tape y cueza a fuego vivo. Un cuarto de hora debe bastar.

Disponga sobre el arroz 6 colas de cigalas enteras y el resto de los mejillones, con una de sus valvas. Sirva la paella muy caliente en su recipiente de cocción.

Farra

Encargó cecina de los Grisones, jamón y salchichón rústico, y después un pescado del lago, una farra.

MAIGRET VOYAGE

Si se teme que el relleno sea demasiado húmedo, se le puede añadir miga de pan empapada en leche, que le dará una consistencia más recia, o bien carne de merluza majada, lo que cambia un poco la «tonalidad» del plato. Las acederas pueden sustituirse por espinacas.

Con la farra, Maigret bebe un Fendant.

(La farra es un pez parecido al salmón, pero de vida sedentaria. Se encuentra, sobre todo, en el lago de Ginebra.)

Vacíe y limpie una farra de buen tamaño. Con dos tijeretazos en cada extremo del vientre, corte la espina central y extraiga ésta, eliminando las espinas pequeñas con dos dedos.

Cueza en caldo 150 g de zanahorias. Escúrralas. Cueza 250 g de acederas. Escúrralas. Pique zanahorias y acederas, mézclelas y agrégueles una trufa grande, también picada. Salpimente.

Rellene con esta preparación el vientre de la farra y remodele el pescado.

Unte con mantequilla una fuente refractaria. Disponga en ésta un lecho de escalonias finamente picadas antes de colocar el pescado. Bañe con vino blanco seco. Tape con un papel parafinado y cueza al horno.

Terminada la cocción, coloque el pescado en una fuente de servicio que mantendrá caliente. Sáquele la piel (salvo la de la cabeza).

Prepare un rojo blanco con mantequilla y harina. Líguelo con el jugo de cocción de la farra. Bata 3 yemas de huevo en una taza de crema de leche fresca y añádalas a la salsa, batiendo con el batidor y sin dejar hervir. Rectifique el condimento con sal, pimienta, pimienta de Cayena y zumo de limón.

Cubra el pescado con la salsa y sírvalo.

Truchas «au bleu»

—Siéntese, amigo mío. ¡Vaya! ¡La Sureté Nationale también se une a la fiesta! Un tercer cubierto, mi querido Georges. ¿Qué les parecerían a los dos unas perdices con coles? ¡Esperen! Antes, unas truchitas «au bleu». ¿Están vivas, Georges?

MAIGRET ET SON MORT

Ésta es la receta del aderezo:

Pele unos limones españoles y córtelos a rodajas finas. Pase éstas por la pasta de freír (ligera, hecha con cerveza) y échelas en aceite de freír. Tome perejil rizado, muy fresco, séquelo, échelo en el aceite hirviente y sáquelo rápidamente para escurrirlo sobre papel absorbente.

Con las truchas «au bleu», Maigret bebe un Sylvaner.

Prepare un caldo corto con agua fuertemente acidulada con vinagre, a la que añadirá 3 cebollas claveteadas con 1 clavo de especia, cortadas a rodajas, pimienta en grano, un poco de sal y un cumplido ramillete de hierbas aromáticas. Lleve a ebullición. Deje hervir durante 10 minutos.

Saque del agua unas truchas de unos 140 g. Mátelas golpeándoles la cabeza, vacíelas rápidamente, rocíelas con vinagre y échelas en el caldo corto.

Cueza a fuego lento, sin llegar a hervir, 12 minutos. Saque las truchas con la espumadera, escúrralas y colóquelas sobre un paño caliente.

Sírvalas con perejil frito y los buñuelos de limón.

Tenca al horno

—El viejo Bambois ha venido para ofrecerme una tenca, y la he guisado al horno...

MAIGRET ET LE TUEUR

Se le pueden añadir unos torreznos de tocino magro muy crujientes o, si es la temporada, unas setas de las llamadas negrillas. Nunca champiñones.

Con la tenca al horno, Maigret bebe un Saint-Amour.

(Negrillas, o también ratones, son setas de sombrerete de un color gris negruzco y pie blanquecino, abundantes en los bosques de coníferas a fines de otoño y principios de invierno. Excelente en sopa y en tortilla, así como para acompañar guisados de carne, esta seta, Tricholoma terreum, *es conocida en catalán como «fredolic» o «fredoluc», en euskera como «ziza arre», y en gallego como «cincenteiro».)*

Prepare un caldo corto con una botella de Beaujolais, 1 cebolla cortada a rodajas, 1 ramillete de hierbas aromáticas, sal y pimienta. Déjelo enfriar.

Limpie una tenca de buen tamaño. Póngala en una besuguera, con el caldo corto frío. Lleve a ebullición. Apártela del fuego y déjela cocer 15 minutos sin que llegue al punto de hervor.

Pele 20 cebollas pequeñas, nuevas. Póngalas en una cacerola, con una cucharadita de mantequilla y una pulgarada de azúcar. Cuézalas a fuego suave.

Escurra la tenca. Póngala en una fuente refractaria, rodeada por las cebollas y déjela en la entrada del horno.

A fuego vivo, reduzca el líquido de cocción del pescado, hasta 1 dl aproximadamente. Cuélelo. Líguelo con 30 g de mantequilla amasada con harina. Déle un hervor y, luego, a fuego suave, agregue otros 40 g de mantequilla, removiendo.

Vierta esta salsa sobre la tenca y métala unos instantes en el horno muy caliente.

CAZA

Brocheta de becafigos

—¿Unos pajaritos para empezar? Tengo unas cuantas brochetas que me han traído esta mañana.

MON AMI MAIGRET

En Provenza se llama pajaritos no sólo a los becafigos, sino también a las alondras, al culiblanco e incluso al mirlo.

La «tapenade» se hace con pulpa de aceitunas negras majada con la mitad de su peso en anchoas desaladas y unas cuantas alcaparras, todo ello ligado con aceite de oliva y mostaza fuerte.

Con las brochetas de becafigos, Maigret bebe un Châteauneuf-du-Pape.

Desplume los pajaritos y soflaméelos, pero sin vaciarlos.

Póngalos en un plato y rocíelos con aceite de oliva.

Mezcle en un cuenco: pan rallado, una pulgarada de nuez moscada, hinojo y romero pulverizados, sal y pimienta.

Pase, uno por uno, los pajaritos por esta mezcla. Envuelva cada uno de ellos en una hoja de parra. Enfílelos en brochetas, separándolos por un cuadrado muy delgado de tocino.

Áselos sobre fuego de sarmientos. Recoja la grasa sobre rebanaditas de pan sentado, ligeramente untadas con «tapenade».

Perdices con coles

—¿Y las perdices con coles? ¿Las recuerda? Lamento que no sea ahora la temporada, pues...

MAIGRET A PEUR

Hay que rehusar taxativamente las perdices ya muy formadas; se requieren perdigones o, como máximo, perdices jóvenes. Se las reconoce porque la primera pluma termina en punta, en tanto que es redondeada en las perdices viejas. Las patas, por su parte, son menos grises y escamosas. El pequeño salchichón puede ser ligeramente ahumado.

Con las perdices con coles, Maigret bebe un Santenay, del señorío de Hautes-Cornières.

Desplume, vacíe cuidadosamente y chamusque 2 bonitas perdices jóvenes y rollizas. Áteles las patas junto al cuerpo.

Elija una col repolluda, de hojas brillantes. Corte el troncho, elimine las hojas externas que puedan ser duras y lávela, separando las hojas, bajo el chorro de agua fría.

Lleve a ebullición el agua de una marmita. Eche en ella la col cortada en cuatro y hiérvala 10 minutos, a borbotones. Escúrrala. Déjela enfriar. Estrújela con las manos.

Pele 1 cebolla grande y 250 g de zanahorias. Lávelas.

En una cazuela de buen tamaño, derrita 50 g de mantequilla y dore en ella las perdices. Retírelas.

En la misma mantequilla, ponga 200 g de tocino gordo de pecho, cortado a gruesos dados, y dórelos. Agregue un salchichón pequeño, crudo, y la mitad de la col, junto con las zanahorias cortadas en cuatro partes (longitudinalmente), la cebolla y un ramillete de hierbas aromáticas. Coloque las perdices sobre este lecho, y recúbralas con la col restante.

Bañe con un vaso de caldo de gallina, 1/2 vaso de vino blanco y un vasito de coñac. Añada pimienta. Tape herméticamente la cazuela y cueza a fuego moderado 1 hora y media como mínimo.

Sirva en una fuente grande las perdices partidas por la mitad y colocadas sobre la col. Sazone ligeramente con sal y rodéelas con los dados de tocino, ramilletes de zanahoria y el salchichón cortado a rodajas.

Dé un último hervor al líquido de cocción y viértalo sobre la fuente.

Liebre a la Royale

...Y aquella noche se habló de cocina, en particular de la manera de preparar la liebre a la Royale.

MAIGRET A PEUR

Al cerrar el vientre de la liebre, no tense el hilo, para evitar que, durante la cocción, ceda la piel. Para el adobo, son aconsejables un Châteauneuf-du-Pape o un Cahors añejo.

Con la liebre a la Royale, Maigret bebe un Pommard.

Desolle una liebre de buen tamaño, colóquela sobre la espalda y abra su abdomen hasta las costillas. Reserve el corazón, el hígado y los pulmones.

Levante los filetes de carne del interior del cuerpo, adheridos al espinazo. Hienda la carne de los muslos, en su cara interna, y deshuéselos. Quite asimismo los huesos de las caderas, la columna vertebral, las costillas y de los omoplatos.

Elimine los nervios de los músculos de los muslos y de la rabadilla. Corte a tiras 100 g de tocino gordo y lardee las carnes.

Pique 100 g de escalonias y braséelas con un buen trozo de mantequilla.

Empape en leche 150 g de miga de pan y escúrrala.

Pique 3 dientes de ajo, con un puñado de perejil, el corazón, los pulmones y el hígado de la liebre.

Corte a dados pequeños 100 g de trufas, y otro tanto de foie gras y tocino gordo. Póngalos en un cuenco.

Agregue a este cuenco 350 g de carne de salchicha fina, el ajo, el perejil, el corazón, los pulmones y el hígado de la liebre, la miga de pan y las escalonias braseadas. Sazone con sal y pimienta, una pulgarada de cuatro especias y 1/2 dl de marc. Mézclelo todo cuidadosamente, sin chafar los componentes.

Liebre a la Royale

(continuación)

Introduzca la mitad del picadillo en el interior de la liebre. Agregue los filetes de lomo y recubra después con el resto del relleno. Cosa la abertura. Ate la liebre y albárdela con una loncha fina de tocino.

Ponga la liebre así preparada en un adobo preparado con 2 dl de marc, dos botellas de vino tinto de mucho cuerpo, zanahorias y cebollas cortadas a rodajas, tomillo, laurel, raíces de perejil y unos granos de pimienta negra. Déjela en adobo 3 o 4 días, dándole la vuelta y rociándola con su jugo tres veces al día.

Enjugue la liebre albardada. Unte con mantequilla una besuguera y coloque en ella el animal. Rocíelo con un poco de mantequilla derretida. Tape la besuguera y deje que la liebre «sude» poco a poco, sin tomar color. Cuando las carnes se hinchen por efecto del calor, añada el adobo. Introduzca la fuente en el horno y cueza a fuego medio durante 4 horas, rociándola a menudo.

Saque la liebre del horno y transfiérala a una fuente caliente. Retire la albarda y descosa el vientre.

Pase el jugo de cocción por una estameña. Desengrase. Reduzca hasta conseguir una consistencia espesa. Mezcle 270 g de foiegrás con la misma cantidad de mantequilla no pasterizada. Ligue la salsa sin dejar hervir, y después pásela otra vez por el chino.

Cubra la liebre con un poco de salsa y ponga el resto en una salsera. Sírvala.

VOLATERÍA

Pato al estilo de Rouen

Para Maigret todo había empezado de una manera banal, una noche mientras cenaban en casa de los Pardon. Madame Pardon había preparado un pato en su sangre, plato que le salía de maravilla y que al comisario le gustaba muchísimo.

MAIGRET A VICHY

Es indispensable que el pato haya sido asfixiado y no desangrado. Como guarnición, cabe proponer un puré de nabos.

Con el pato en su sangre, Maigret bebe un Corton Grancey.

Vacíe y limpie un pato de mediano tamaño. Salpimente su interior.

Ase el pato a horno muy caliente durante 16 a 18 minutos. En su interior, la carne ha de estar muy poco hecha.

Cueca y reduzca, en una cacerola, media botella de vino tinto con 1 cucharadita de escalonias picadas, hasta conseguir la consistencia de un jarabe.

Saque el pato del horno y quítele la piel. Desprenda los muslos y úntelos ligeramente con mostaza antes de acabar de cocerlos sobre la parrilla.

Levante los filetes de la pechuga del pato y córtelos a tajadas delgadas. Dispóngalas sobre una fuente caliente y tápela.

Trocee el caparazón y pique después los trozos. Póngalos en una prensa para pato y recoja la sangre que sueltan.

Pase por el tamiz el hígado crudo del pato. Amase el puré obtenido con 75 g de mantequilla y agregue, poco a poco, la sangre recogida. Incorpore esta mezcla al vino reducido. Compruebe el condimento y añada un poco de nuez moscada. Deje la mezcla sobre el fuego, sin que hierva.

Disponga los filetes de pechuga en una fuente de servicio caliente y cúbralos con la salsa. Coloque los muslos a ambos extremos y sirva el pato.

Anadón a la naranja

—¿Comerá aquí? Tengo anadón a la naranja. Antes, puedo servirle dos o tres docenas de pechinas que acaban de llegar de La Rochela...

LE VOLEUR DE MAIGRET

Llámase anadón al pato en cuyas alas la articulación exterior todavía no está cruzada, cosa que ocurre entre los dos y los tres meses según las especies. Utilice solamente naranjas no tratadas con difenil, incluso si no utiliza la corteza.

Con el anadón a la naranja, Maigret bebe un Tavel.

(Ofrecen al comisario dos o tres docenas de «pétoncles», y se trata, efectivamente, de pechinas o veneras, una variedad de vieiras de carnes muy finas y que a la altura de La Rochela suelen tener menor tamaño, lo que justificaría servirlas en tan generosa cantidad.)

Cueza en una tartera, con mantequilla, un anadón de aproximadamente 1,300 kg, a fuego lento, durante 1/2 hora. Rocíelo con 1/2 dl de Grand Marnier. Prosiga la cocción, poco a poco, 5 minutos. Saque el anadón de la tartera y consérvelo en lugar caliente, envuelto con hoja de aluminio.

Pase por el tamiz el jugo de cocción del anadón. Agréguele 1 cucharada sopera de vinagre de vino blanco, 1 de azúcar en polvo, el zumo de 3 naranjas recién exprimidas, 1,5 dl de caldo de menudillos, muy concentrado. Cueza 10 minutos a ligero hervor. Espume, desengrase cuidadosamente y después cuele la salsa.

Rectifique la sazón de esta salsa y añádale 3 cucharadas de licor de mandarina.

Ponga en una cacerola de saltear pequeña los gajos pelados y desprovistos de pepitas de 4 naranjas. Báñelos con unas cucharadas de salsa, lleve a ebullición y retire la cacerola del fuego.

Sirva el anadón cortado a filetes y disponga alrededor, como adorno, los gajos de naranja. Cubra con parte de la salsa y presente el resto de la misma en salsera.

Pato a la naranja

Acabaron por elegir una vichyssoise refrescante y el pato a la naranja, que era el plato del día.

MAIGRET SE DÉFEND

Si compra el pato sin desplumar, no olvide retirar las dos glándulas que se encuentran a cada lado del obispillo y sobre el mismo, pues darían mal sabor a la carne.

Con el pato a la naranja, Maigret bebe un Château Giscours (Margaux).

Chamusque sobre llama de gas un pato nantés de 2 kg, previamente vaciado y limpiado. Séquelo cuidadosamente con un paño y después brídelo.

Pele una naranja, reserve la corteza, quite las pepitas y trocee la pulpa. Rellene con ésta el interior del pato y cosa las aberturas.

Derrita en una olla 60 g de mantequilla. Cuando esté caliente, agregue el pato y sofríalo a fuego moderado durante unos veinte minutos. Salpimente y añada la corteza de naranja, cortada a finas tiras, 1 dl de vino blanco seco y 1,5 dl de caldo. Tape la olla y deje cocer a fuego muy suave durante 1 hora.

Saque las cortezas de 2 naranjas. Córtelas a tiras y blanquéelas 3 minutos en agua hirviendo.

Saque el pato de su jugo de cocción y consérvelo en lugar caliente. Desglase la olla con el zumo de las 2 naranjas, rascando el fondo con una cuchara de madera. Agregue las cortezas blanqueadas, una pulgarada de azúcar en polvo y una copita de curaçao. Déles un hervor.

Trinche el pato, separando primero los muslos y cortando después los filetes de pechuga. Dispóngalo todo sobre una fuente caliente. Cubra con una parte de la salsa y sirva el resto en una salsera. Adorne la fuente con medias rodajas de naranja, sin piel ni pepitas.

Pollo al vino blanco

—Siempre me he preguntado cómo lo prepara...

Se trataba del pollo al vino servido en la cena, y madame Pardon prosiguió:

—Tiene un discreto regusto, apenas perceptible, que le da todo su encanto y que no consigo identificar.

—Sin embargo, es bien sencillo... Supongo que usted le añade, en el último momento, una copita de coñac...

—De coñac o de armagnac, lo que tengo más a mano...

—Pues yo, aunque tal vez no sea muy ortodoxo, le agrego aguardiente de ciruelas, alsaciano. He aquí todo el secreto...

UNE CONFIDENCE DE MAIGRET

Comieron «rillettes» del país, un pollo al vino blanco, y, después del queso de cabra, unos babás al ron.

MAIGRET ET LE TUEUR

Este plato puede acompañarse con pastas frescas.

Con el pollo al vino blanco, Maigret bebe un Riesling.

(Como aclara el autor en la receta siguiente, para este plato se debe utilizar como materia prima, no un pollo joven, sino un pollo de corral ya adulto, es decir, un gallo de buenos espolones y que ya lleve tiempo como rey del corral.)

Limpie, lave y corte a rodajas finas 3 zanahorias y 1 puerro. Pele y pique aparte 1 cebolla y 4 escalonias. Pele y chafe 2 dientes de ajo. Lave 1 ramita de perejil. Trocee un pollo desplumado y vacío que pese unos 2 kg. Chamusque las patas para poder retirar fácilmente la piel escamosa que las recubre.

En una cacerola, a fuego medio, ponga 1 zanahoria, el puerro, la cebolla, el perejil y las patas. Añada 1/2 hoja de laurel y 1 ramita de tomillo. Bañe con 3 dl de agua. Deje cocer 30 minutos a ligero hervor. Debe quedar alrededor de 1 dl de líquido.

Sofría con manteca de cerdo los trozos de pollo en una olla, a fuego bastante vivo. Retírelos. Sustitúyalos por las zanahorias restantes, las escalonias y el ajo. Reduzca el fuego. Deje dorar ligeramente durante 10 minutos.

Incorpore de nuevo los trozos de pollo. Espolvoree con 1 cucharada rasa de harina. Remueva. Bañe con el caldo colado y 1 dl de Riesling. Añada 1 brizna de tomillo y un poco de nuez moscada rallada. Salpimente. Tape el recipiente. Deje cocer a fuego lento durante 1 hora si el pollo no tiene más de 18 meses, o 2 horas si es más viejo y duro.

Exprima 1/2 limón para extraer el zumo. En un cuenco, deslía 1 yema de huevo con 100 g de crema de leche fresca.

Cuando el pollo esté cocido, retire los trozos y dispóngalos en una fuente. Aparte la olla del fuego, ligue la salsa con el contenido del cuenco. Agregue el zumo de limón y 1 cl de aguardiente de ciruelas. Cubra el pollo con la salsa al servirlo.

Pollo al vino tinto

Volvió a su casa para almorzar y su esposa le sirvió un pollo al vino. Era uno de sus platos predilectos...

MAIGRET ET L'HOMME SEUL

La elección del vino tinto es cuestión de gusto y también depende de la ocasión. Sin embargo, un vino con cuerpo es el más indicado. Para acompañar el plato, se beberá el mismo.

En cuanto al ave, debería tratarse de un buen gallo de corral. Cabe sustituirlo por un pollo de respetable tamaño, como se suele hacer en tantos restaurantes, pero el plato resulta entonces más «flojo».

Con el pollo al vino tinto, Maigret bebe un Châteauneuf-du-Pape.

Cortar a tiras muy finas 100 g de panceta magra ligeramente ahumada. Pele 2 docenas de cebollitas blancas muy pequeñas. Trocee 1 pollo de unos 2,5 kg.

Derrita la panceta en una cazuela a fuego suave, durante 10 minutos y en 50 g de manteca. Pasado este tiempo, añada las cebollas y dórelas 10 minutos, removiéndolas de vez en cuando. Retire los torreznos y las cebollas con la espumadera, y resérvelos. Saltee los trozos de pollo en dos o tres veces para que cada trozo quede bien dorado por todas sus caras, operación que requiere unos 20 minutos.

Entretanto, vierta una botella de vino tinto en una cacerola. Añada 1 trozo de mantequilla y caliéntelo.

Una vez salteados los últimos trozos, vuelva a poner toda la carne en la cazuela. Salpimente. Rocíe con 7 cl de marc y flamee. Seguidamente, retire el pollo.

Ponga los torreznos y las cebollitas en la cazuela. Espolvoree con 1 cucharada sopera de harina. Remueva. Agregue nuevamente el pollo. Bañe con el vino.

Pele y pique 1 diente de ajo. Lave 1 ramita de perejil. Agréguelos al contenido de la cazuela, junto con 1 hoja de laurel y 1 ramita de tomillo. Tape. Deje cocer a fuego lento por espacio de 1 hora y media.

Pollo asado

La sopa que se estaba haciendo a fuego lento olía bien, y había ya sobre la mesa un pollo albardado con tocino.

MAIGRET ET SON MORT

Para evitar que las pechugas queden demasiado hechas, se puede retirar el pollo antes de completar su cocción, trincharlo y volver a meter los muslos en el horno, con la parte exterior expuesta a calor vivo durante 2 o 3 minutos.

Con el pollo asado, Maigret bebe un Pomerol.

Desplume, vacíe y chamusque un pollo de corral. Introduzca de nuevo en su interior la molleja, el corazón y el hígado, con un poco de sal y pimienta. Después átelo y albárdelo con una loncha grande pero muy delgada de tocino gordo.

Caliente el horno y coloque después el pollo albardado sobre la parrilla de la bandeja de asar y deje cocer con calor moderado (de 40 a 50 minutos según el peso del pollo, que puede ser de 1 a 1,5 kg). Rocíelo de vez en cuando con el jugo recogido en la bandeja.

Cinco minutos antes de concluir la cocción, retire la loncha de tocino para que se dore toda la superfice del pollo.

Desengrase el jugo de cocción vertiéndolo en un cuenco calentado y retirando con cuchara la grasa que suba a la superficie. Eche unas cucharadas de agua caliente en la bandeja y hágala hervir rápidamente, desprendiendo con la cuchara el jugo caramelizado de la bandeja. Agréguelo al jugo desgrasado.

Pollo «bonne femme»

Cuando regresó, le esperaba un pollo «bonne femme», y una señora Maigret que estaba arrepentida de lo que le había dicho por la mañana.

MAIGRET S'AMUSE

Incluso con etiqueta de control de calidad, el pollo de granja avícola es un recurso mediocre. Cueste lo que cueste, hágase con un verdadero pollo de corral. Hay todavía en los mercados, a partir de noviembre, pollos de Nantes, de patas negras o blancas. Son excelentes.

Con el pollo «bonne femme», Maigret bebe un Saint-Nicolas de Bourgueil.

Desplume, vacíe, chamusque y embride el pollo como es debido.

Derrita 50 g de mantequilla en una cazuela grande y dore en ella el pollo ligeramente salpimentado (interior y exteriormente) por todas partes, dándole vueltas y rociándolo con frecuencia.

Corte a dados 50 g de tocino magro y blanquéelos 10 minutos. Escalde unos instantes unas veinte cebollitas blancas. Modele una treintena de bolas pequeñas en patatas que no se deshagan al cocerse.

Cuando el pollo esté a medio cocer, añádale los torreznos, las cebollitas y las patatas, de modo que todo ello toque el fondo del recipiente, y prosiga la cocción sin tapar, en el horno bastante caliente, para que se tueste ligeramente.

Rectifique sal y pimienta y, al servir en la cazuela misma, espolvoree con perejil cortado muy fino.

Cocido de gallina

La gallina se estaba cociendo, con una zanahoria roja, una cebolla grande y un ramillete de perejil cuyos tallos rebasaban el borde.

L'AMIE DE MADAME MAIGRET

Antes de servir el ave, desembarazada de su albarda, en una fuente caliente y rodeada por las hortalizas cocidas, se puede colar el caldo y servirlo sobre unas finas rebanadas de pan de payés tostadas en el horno y muy ligeramente untadas con mostaza fuerte.

Con el cocido de gallina, Maigret bebe un Madiran.

Desplume, vacíe y chamusque una gallina de buena estampa.

Pique el hígado junto con otros 3 hígados de pollo y 200 g de jamón de Bayona.

Bata en una ensaladera 3 huevos enteros. Sazone con sal y pimienta, con una pizca de nuez moscada rallada. Añada a los huevos 20 g de escalonias picadas, 5 g de ajo chafado, 10 g de perejil y otros tantos de estragón finamente cortados, y 30 g de miga de pan sentado mojada con leche. Después, agregue el picadillo de hígados y jamón. Mezcle bien este relleno, manualmente.

Rellene el ave. Cosa el orificio y envuelva la gallina con una loncha de tocino gordo, grande pero fina.

Eche en una olla 3 l de agua, con las patas y la molleja del ave. Cuando rompa a hervir, meta la gallina en la olla. Al reanudarse la ebullición, espume, sazone con sal, tape la olla y deje cocer 1 hora a fuego suave.

Agregue entonces a la marmita 150 g de zanahorias, 100 g de nabos, 30 g de puerros (la parte blanca), 1 cebolla grande claveteada con unos clavos especia, 1 rama de apio, 1 diente de ajo sin pelar, 1 ramillete de perejil. Prosiga la cocción durante 1 hora y media.

Gallina en adobo y gelatina

Encontró un muslo de ave todavía cubierto de salsa gelatinosa. Se cortó una gruesa rebanada de pan que untó con mantequilla.

—Dígame...

Volvió a entrar, comiendo.

—¿No hay cerveza en su casa?

L'INSPECTEUR CADAVRE

La pata de ternera desosada, y después recalentada con un poco de gelatina reservada, constituirá, con una vinagreta aromatizada con hierbas, un excelente entremés.

Con la gallina en adobo, Maigret bebe cerveza.

Ponga en una marmita 1 pie de ternera partido en dos, 4 cebollas y 300 g de zanahorias cortadas a rodajas, 200 g de tocino de pecho a dados y 1 ramillete de hierbas aromáticas bien surtido. Cubra con agua fría hasta media altura de la olla. Sazone con sal. Lleve a ebullición y deje cocer 1/2 hora a fuego suave y con el recipiente tapado.

Desprenda en crudo los muslos de una gallina de un año. Agregue estos muslos y el resto de la gallina a la olla. Lleve de nuevo a ebullición. Espume. Prosiga la cocción a fuego suave y con la olla tapada otra 1/2 hora.

Añada entonces media botella de vino blanco seco y cueza de nuevo a pequeños borbotones 1 hora y media.

Agregue entonces 3 copitas de coñac o de armagnac, pimienta negra molida, 1 clavo de especia, una pulgarada de cuatro especias, y concluya la cocción con otros 30 minutos.

Saque el ave. Corte en dos los muslos y el resto a trozos, y dispóngalo todo en una fuente honda. Reparta los dados de tocino entre los trozos.

Cuele el caldo. Déjelo reposar 1/4 de hora. Desengráselo. Póngalo de nuevo al fuego y redúzcalo al máximo. Rectifique la sazón y viértalo sobre los trozos de gallina: debe quedar sobre ellos sólo una delgada capa de gelatina. Deje enfriar y después meta la fuente en el refrigerador.

Pollo de pintada en hojaldre

La cena había sido particularmente satisfactoria. La señora Maigret había preparado unos pollos de pintadas en hojaldre y el comisario había ido a buscar a la bodega una de las últimas botellas de Châteauneuf-du-Pape añejo que quedaban de una caja comprada en subasta, un día que pasaba por la rue Drouot.

MAIGRET ET L'INDICATEUR

Puede servirse con el pollo de pintada en hojaldre una salsa Périgueux: salsa oscura realzada por una infusión, en vino de Madeira, de trufa finamente troceada y jamón no ahumado, con tomillo y laurel.

Con el pollo de pintada en hojaldre, Maigret bebe un Châteauneuf-du-Pape.

Prepare un relleno con el hígado del pollo de pintada y un pequeño riñón de cordero picados, foie-gras, sal, pimienta y una cucharada de coñac. Mezcle bien.

Recubra con este picadillo 2 bonitas trufas frescas y rellene el ave con ellas. Cosa el vientre y ate el ave.

En una cacerola, dórela con mantequilla, dejándola cocer durante tres cuartos de hora.

Prepare una pasta de hojaldre, con mantequilla no pasteurizada, y extiéndala al máximo.

Envuelva ampliamente el ave con la pasta de hojaldre. Termine la cocción en el horno, 1/4 de hora, y sirva.

Conejo relleno

—¿Qué me dice de este conejo?
—Es excelente.
—¿Una copita de marc, para ayudarlo a bajar? Es mi ronda.

MAIGRET A L'ÉCOLE

Cabe elegir una mostaza sin sal, recomendada por los dietéticos.

Con el conejo relleno, Maigret bebe un Saint-Pourçain tinto.

Prepare un conejo doméstico de buen tamaño. Rellénelo con su hígado picado y 2 pies de cerdo trufados y desmenuzados, y cosa el vientre.

Unte el conejo con mostaza fuerte y póngalo en adobo con vino blanco seco, 2 cebollas cortadas a rodajas, 2 zanahorias cortadas en juliana, tomillo, laurel, tallos de perejil, unos granos de pimienta y un vasito de marc. Déjelo adobar por espacio de 48 horas, rociándolo de vez en cuando.

Escurra el conejo y péselo antes de meterlo en el horno caliente (20 minutos de cocción por 1/2 kg). Durante esta cocción, rocíelo con el adobo colado.

Sírvalo con el jugo de cocción aparte.

Salteado de conejo de monte

No tardó en empujar la puerta con un gesto familiar y en husmear, como hacía cada tarde, los olores procedentes de la cocina. Había conejo de monte, cosa rara en esta época: un propietario de Cléry había hecho una batida la víspera para destruir los centenares de conejos que causaban daños de importancia.

NOUVELLES ENQUÊTES DE MAIGRET

Hay que contar 250 g de pasta fresca para un conejo de campo de peso mediano. Para éstas, la señora Maigret debe utilizar unos 200 g de harina tamizada, una pulgarada de sal y 2 huevos enteros. Hay que dejar reposar la pasta 1 hora o 2 según la calidad de la harina empleada. La pasta se extenderá en hojas rectangulares de 2 mm de grosor, hojas que deben secarse, doblarse en dos, sobre un cordel tensado, al menos 1 hora.

Con el conejo, Maigret bebe un Chambolle-Musigny.

Trocee un conejo de monte (1,2 kg, aproximadamente), después de haberlo desollado, vaciado y limpiado.

Ponga a calentar, en una cacerola, 30 g de mantequilla y 1/2 dl de aceite. Agregue los trozos de conejo, sazonados con sal y pimienta, y dórelos bien por todas partes.

Escurra la grasa y espolvoree los trozos de conejo con un poco de harina. Deje cocer 1 minuto y bañe con 1 l de caldo de carne de ternera muy sustancioso. Agregue 1 cucharada de tomate concentrado y 1 ramillete de hierbas aromáticas. Lleve a ebullición y deje cocer muy lentamente 1 hora.

Retire los pedazos de conejo con un tenedor y póngalos, uno a uno, en una cacerola limpia. Disponga encima una gruesa capa de pastas frescas blanqueadas 5 minutos en agua salada hirviendo.

Pase el líquido de cocción del conejo por la estameña, en una cacerola de saltear, y redúzcalo a 1/2 l. Después, fuera del fuego, agréguele 2 dl de crema de leche fresca. Remueva poco a poco. Rectifique la sazón.

Vierta esta salsa sobre las pastas y deje que termine la cocción, a fuego muy suave, 1/4 de hora.

DESPOJOS

Callos al estilo de Caen

Le llevó a Les Halles y le hizo comer callos al estilo de Caen, y unas crêpes Suzette, que les sirvieron en bonitos calientaplatos de cobre.

MON AMI MAIGRET

Los callos eran sabrosos y, cuando Maigret abandonó la mesa, se encontraba en un estado de beatitud tanto más acusado cuanto que no había sabido rehusar el calvados del dueño.

NOUVELLES ENQUÊTES DE MAIGRET

En el menú, había callos al estilo de Caen, que tampoco le convenían pero con los que, sin embargo, disfrutó.

MAIGRET ET MONSIEUR CHARLES

Los callos suelen comprarse lavados y blanqueados, pero habrá que insistir para obtener cantidades casi iguales de tipos diferentes: panza de tejido liso; bonete o redecilla, grueso y tapizado de alvéolos; librillo, con sus láminas blancas; y cuajar, también laminar pero oscuro. Antes de servirlos, cabe añadir a los callos una cucharada de Calvados añejo, de calidad.

Con los callos al estilo de Caen, Maigret bebe sidra.

Corte a cuadrados de 5 cm de lado 4 kg de callos comprados ya limpios y blanqueados. Corte 3 zanahorias en cuadro y una decena de cebollas a rodajas, y prepare 2 ramilletes de hierbas aromáticas, cada uno con 50 g de tallos de perejil, 1 ramita de tomillo y 2 hojas de laurel.

Frote las paredes de una cazuela de barro de gran tamaño con un diente de ajo. Disponga en el fondo un tercio de los callos, bien mezclados. Sazone con poca sal y bastante pimienta. Añada un tercio de las zanahorias y las cebollas, uno de los ramilletes y dos medios pies de buey (comprados ya escaldados).

Disponga otra capa de callos y repita la operación, añadiendo hortalizas, hierbas aromáticas y pies de buey, y terminando con una tercera y última capa de callos.

Bañe con 1 dl de calvados joven y 8 dl de buena sidra seca.

Tape la cazuela. Prepare una masa con agua y un poco de harina y con ella cierre herméticamente la cazuela. Es lo que, en términos culinarios, se llama «luter».

Cueza a fuego suave unas diez horas (el horno de la panadería sería ideal).

Quite la tapadera. Con ayuda de una espumadera, retire los callos —eliminando los huesos de los pies de buey, las zanahorias y los ramilletes de hierbas aromáticas— y póngalos en otro recipiente entibiado. Vierta encima el jugo de cocción y sírvalos (o déjelos enfriar si quiere recalentarlos más tarde y en varias veces).

Riñones de cordero al Madeira

—Podrías explicar qué has comido.
Él respondió, falsamente gruñón:
—Riñones de cordero.

MAIGRET ET LE CORPS SANS TÊTE

A falta de vino de Madeira se puede utilizar un Oporto, pero mejor aún un Jerez fino.

Con los riñones de cordero al Madeira, Maigret bebe un Hermitage tinto.

Despoje de su piel 6 riñones de cordero (para 2). Córtelos en dos y elimine los nervios. Lávelos bajo el chorro de agua fría. Séquelos con cuidado y después córtelos a láminas.

Pique finamente una escalonia y también, por separado, unas ramitas de perejil.

Limpie y corte a láminas 75 g de champiñones. Cuézalos a fuego suave con 10 g de mantequilla.

Caliente en una cacerola 25 g de mantequilla y saltee en ella, rápidamente, las láminas de riñón, a fuego vivo y sin dejar de remover. Cuando hayan perdido el color, sazone ligeramente con sal y resérvelas en una fuente caliente, tapada y colocada sobre una cacerola con agua caliente.

Vuelva a poner la cacerola al fuego. Eche en ella la escalonia picada y remueva vivamente. Bañe con 2 cucharadas soperas de Madeira. Añada pimienta y después 1 ramita de tomillo y los champiñones y su jugo de cocción, y deje cocer a fuego suave. Rectifique el condimento. Dé un hervor a esta salsa y viértala sobre los riñones, en su fuente. Espolvoree con el perejil y sirva.

Cabeza de ternera a la Sainte-Menehould

Recorrió con los ojos el menú policopiado y se lo tendió a Janvier:

—Yo tomaré cabeza de ternera...

MAIGRET AUX ASSISES

Para el blanco, deslía, sin que se formen grumos, dos cucharadas colmadas de harina en agua fría. Pase la mezcla por el colador fino. Póngala en una cacerola con 2 l de agua, 12 g de sal y 2 cucharadas de vinagre. Haga hervir. Añada 1 cebolla claveteada con clavos de especia y 1 ramillete de hierbas aromáticas, e introduzca en este blanco hirviendo la cabeza de ternera envuelta con un lienzo fino.

Con la cabeza de ternera a la Sainte-Menehould, Maigret bebe un vino gris de Toul.

Compre media cabeza de ternera y manténgala durante 1 hora bajo el chorro de agua fría, para eliminar la sangre y que quede más blanca.

Una vez blanqueada, cuézala prolongadamente en un blanco, es decir, en un caldo aromatizado y con harina. Escúrrala.

Corte la media cabeza de ternera, todavía caliente, a trozos de 5 cm de lado. Meta estos trozos en una terrina.

Bata en un cuenco 1 dl de aceite con el zumo de un limón, sal y pimienta, y vierta esta mezcla sobre los trozos de cabeza de ternera. Deje adobar 1 hora.

Retire, uno a uno, los trozos de cabeza de ternera y enjúguelos.

En una cacerola, derrita 150 g de mantequilla. Esparza 200 g de pan rallado en un plato.

Pase cada trozo por la mantequilla derretida y después por el pan rallado, y seguidamente recomience toda la operación, de modo que cada trozo pase dos veces por la mantequilla y el pan rallado.

Disponga estos trozos sobre una parrilla y dórelos a fuego vivo. Sírvalos con acompañamiento de mostaza o de salsa de mostaza.

Cabeza de ternera «en tortue»

—¿Está libre mañana por la noche?

—Sí.

—¿Le gusta la cabeza de ternera «en tortue»?

—No la he comido nunca.

—Pero, ¿le gusta la cabeza de ternera?

—Bastante.

—Entonces le gustará «en tortue». Es un plato que descubrí en un viaje a Bélgica. Ya lo verá. En realidad, no sé qué vino servir con esto...

¿Tal vez cerveza?

En el último momento, Pardon, como explicó de manera casi científica, se decidió por un Beaujolais ligero.

LE REVOLVER DE MAIGRET

Teóricamente, hay que añadir al plato unas albóndigas de mollejas de ternera y unos cangrejos de río (uno por comensal), así como unos cuscurros de pan frito. Pero ¿es realmente necesario? En todo caso, el ama de casa, como la señora Maigret, titubeará a este respecto.

Con la cabeza de ternera «en tortue», Maigret bebe cerveza belga.

Ponga en remojo en agua fría, 1/2 hora, media cabeza de ternera comprada ya atada en la tripería, así como una lengua de ternera.

Llene de agua hasta la mitad una olla grande. Añada sal, pimienta, 1 cebolla grande con 2 clavos de especia, y el zumo de 2 limones. Lleve a ebullición. Ponga en ella la cabeza y la lengua, y cueza a ebullición mediana durante unas 2 horas.

Media hora antes de terminar la cocción, retire la lengua y quítele con cuidado su piel blanca. Vuelva a meterla en la olla, con la cabeza, para terminar la cocción.

Ponga a remojar un seso de ternera en agua ligeramente avinagrada durante 1 hora. Elimine la piel y los filamentos sanguíneos.

Prepare un caldo corto con ramillete de hierbas aromáticas, 1 cucharada sopera de vinagre, 1 cebolla con clavo de especia y una pulgarada de sal. Póngalo a calentar. Cuando esté tibio, agréguele el seso, lleve a ebullición y después cueza a fuego suave durante 15 minutos. Retire el seso con una espumadera, escúrralo y manténgalo caliente al bañomaría.

Cabeza de ternera «en tortue»

(continuación)

Desale 100 g de aceitunas verdes, durante 1/2 hora en agua fría, y después deshuéselas. Corte 6 pepinillos a finas rodajas. Cueza 3 huevos frescos hasta que estén duros.

En una cacerola con 2 vasos de vino blanco suave, prepare una infusión con 3 g de salvia, 1 g de mejorana, 1 g de romero, 2 g de albahaca, 1 g de tomillo, 1 g de laurel y una pulgarada de hojas de perejil. Reduzca a 1 vaso, deje reposar y después pase por el colador.

Sofría con mantequilla 100 g de jamón crudo cortado a dados pequeños e igual cantidad de zanahorias cortadas a finas rodajas. Una vez dorado todo, espolvoree un poco de harina, remueva mientras deja que tome más color, y después bañe con el vaso de infusión de hierbas aromáticas y 1 l de caldo de ternera. Deje hervir durante 30 minutos.

Agregue entonces las aceitunas deshuesadas, los pepinillos cortados a finas láminas, y 3 cucharadas soperas de tomate concentrado. Cueza a fuego suave 20 minutos.

Corte a trozos la media cabeza de ternera escurrida, y en lonjas la lengua y el seso de ternera. Dispóngalo todo en una fuente caliente. Recubra con la salsa. Adorne con los huevos duros cortados por la mitad. Sirva.

Mollejas de ternera al estilo de la abuela

—¿Y ella ha comido con apetito?
—Espere... Una docena de caracoles... Después, molleja de ternera, queso y fresas con nata...

LE CLIENT LE PLUS OBSTINÉ DU MONDE

La molleja de ternera es una glándula —el timo— situada en la garganta, cerca del corazón de la ternera, y que se atrofia cuando ésta llega a edad adulta. Cada molleja presenta una parte bien redondeada —la «nuez»— y otra más alargada. Ésta puede dejarse unida a la «nuez» o ser retirada para servir de relleno para un volován, por ejemplo, o también cortada a dados y agregada a una juliana.

Con la molleja de ternera al estilo de la abuela, Maigret bebe un Château Poujeaux (moulis-médoc).

Elija dos mollejas de ternera bien blancas, sin rastro de sangre, y déjelas expurgar en agua durante al menos 3 horas.

Póngalas en una cacerola con agua fría salada y lleve ésta a ebullición 3 minutos para blanquearlas. Escúrralas. Refrésquelas bien y límpielas, suprimiendo con la punta de un cuchillo todas las partes cartilaginosas no comestibles, las venas negruzcas y la grasa. Pero, sobre todo, no elimine la fibra membrana que las recubre.

Envuélvalas con un lienzo y déjelas en un plato, bajo un objeto pesado.

Corte a finas tiras 50 g de tocino gordo y otro tanto de lengua escarlata. Meche con ellas las mollejas.

Dore las mollejas en una sartén para saltear. Retírelas y escúrralas. Desglase con 1 dl de vino blanco y agregue seguidamente una mirepoix confeccionada con 100 g de zanahorias, 50 g de nabos, sal y pimienta. Coloque encima las mollejas. Bañe con 1/4 de litro de caldo de ternera y tape.

Lleve a ebullición y cueza a fuego suave. Terminada la cocción, sirva las mollejas en una fuente caliente, cubiertas con la mirepoix reducida.

Mollejas de ternera con morillas

—Fíjese en que yo no le pregunto nada... Aquí, todo es discreción y punto en boca... ¿Qué le parecería una molleja de ternera con setas?

MAIGRET ET MONSIEUR CHARLES

Si se utilizan morillas secas, compruebe que no se trate de otras setas, más o menos semejantes, que con demasiada frecuencia se intenta hacer pasar por ellas.

Con la molleja de ternera con morillas, Maigret bebe un Château Lafite-Rothschild.

(La morilla, o colmenilla, Morchella esculenta*, es una seta de grosor igual en el pie y en el sombrerillo, pero éste presenta alvéolos bien marcados, con un color que va desde el crema pálido hasta el pardo negruzco. Aparece en primavera, en bosques de coníferas, sobre todo en zonas quemadas. En catalán se la denomina «rabassola» y «múrgola»; en euskera, «karraspiña»; y en gallego, «cagarria».)*

Limpie la parte redondeada —o «nuez»— de dos bonitas mollejas de ternera y déjelas expurgar durante 3 horas en agua fría. Escúrralas. Blanquéelas con agua fría salada llevada a ebullición 3 minutos. Vuelva a escurrirlas. Déjelas enfriar por completo. Acábelas de limpiar a fondo. Somételas a prensado 1 hora.

Meche las «nueces» de las mollejas con bastoncillos de trufa y de lengua escarlata (100 g de cada una, más o menos), y después salpiméntelas. Enharínelas. Dórelas al horno 10 minutos, dándoles vueltas y rociándolas a menudo. Dispóngalas en una fuente caliente.

Cueza con mantequilla fina 300 g de cabezas de morillas frescas, cuidadosamente lavadas con agua y después con agua avinagrada.

Agregue a la cocción de las mollejas media copita de vino de Madeira, y el jugo de cocción de las morillas, y lleve a ebullición para reducir. Añada las morillas y después, fuera del fuego, trabe la salsa con un poco de mantequilla amasada y viértala sobre las mollejas.

Molleja de ternera a la belga

Saborearon su molleja de ternera, que estaba deliciosa, después unas costillitas minúsculas y, por último, una tarta de fresas.

LA FOLLE DE MAIGRET

En Bélgica, y durante la temporada, puede acompañarse esta molleja de ternera con una guarnición de brotes de lúpulo. El resultado es excelente.

Con las mollejas de ternera a la belga, Maigret bebe un blanco de Mosela.

Prepare y limpie la molleja de ternera según el método clásico, tal como se indica para la receta de la molleja de ternera al estilo de la abuela.

Corte en las mollejas unos escalopes bastante gruesos. Salpimente y enharínelos.

Derrita en una sartén un poco de mantequilla fresca. Meta los escalopes de molleja en la mantequilla espumante y cueza a fuego suave. Finalizada la cocción, agregue una cucharadita colmada de mantequilla y 3 escalonias finamente picadas.

Disponga los escalopes de molleja de ternera en una fuente caliente. Salpíquelos con cebolleta y un poco de estragón finamente cortados. Cubra con la mantequilla caliente.

Rodee los escalopes con hortalizas pequeñas: guisantes, ramilletes de brécol, yemas de espárragos, nabos y zanahorias modelados en bolas, fondos de alcachofas, todo ello braseado aparte.

Hígado de ternera a la papillote

Ensimismado, comía su hígado de ternera a la papillote...

MAIGRET ET LE CLOCHARD

—¿Comerá caballas?

—Y también hígado de ternera a la papillote...

Era sobre todo el hígado de ternera lo que le tentaba, así como la atmósfera de la cervecería, donde hacía semanas que no había puesto los pies.

LA COLÈRE DE MAIGRET

Al comprarlo, elija bien el hígado de ternera. Debe ser liso, de tono claro y grano fino.

Con el hígado de ternera a la papillote, Maigret bebe un Châteauneuf-du-Pape.

Ponga a macerar dos tajadas gruesas de hígado de ternera con aceite de oliva, sal, pimienta, nuez moscada y laurel.

Prepare un picadillo con 100 g de miga de pan tierno, 3 cucharadas soperas de hierbas finas picadas y 1 champiñón, sal y pimienta. Mezcle bien todos los elementos.

Recubra cada tajada de hígado con la mitad de este picadillo, y después envuelva cada una con un trozo de redaño de cerdo y seguidamente con una hoja de papel parafinado, cortado en forma de corazón y previamente bien aceitado. Doble el papel alrededor.

Coloque los papillotes sobre una parrilla caliente y cuézalas 5 minutos por cada lado. Sírvalas de inmediato.

Hígado de ternera a la burguesa

Hígado de ternera a la burguesa... Era uno de sus platos predilectos.

—¿Has comprado lo suficiente para comerlo frío mañana, como entremés?

Seguía prefiriendo el hígado de ternera frío, al día siguiente...

MAIGRET ET LE MARCHAND DE VIN

Esta cocción durará de 45 minutos a 1 hora o más, según se prefiera el hígado de ternera muy hecho.

Si durante la cocción queda demasiada salsa, retire el hígado de ternera y reduzca ésta, que debe ser una salsa corta. Sirva el hígado en tajadas gruesas, recubiertas con la salsa.

Con el hígado de ternera a la burguesa, Maigret bebe un Santenay Domaine des Hautes-Cornières.

Adobe con agua avinagrada aromatizada con un ramillete de hierbas aromáticas y una cebolla claveteada con clavos de especia, y con 1 cucharada de aceite de oliva, 1 kg de hígado de ternera durante 1/2 hora. Escúrralo y séquelo.

En una cacerola, dore con un poquitín de mantequilla una veintena de bastoncillos de tocino magro. Dore a continuación el trozo de hígado de ternera por todas sus caras. Añada entonces una veintena de cebollitas blancas y unos cuantos sombreretes de champiñones muy pequeños y muy frescos. Bañe con un vasito de coñac, una o dos cucharadas del adobo y otras tantas de caldo de ternera. Deje cocer sin que arranque a hervir.

CARNES

Ragú de buey al pimentón

¡Qué domingo! Un ragú que se cocía a fuego lento abajo, en la cocina de losas de piedra azulada, mientras el perfume de la hierba de San Juan invadía la casa...

LA PATIENCE DE MAIGRET

Se puede sustituir la mantequilla por manteca de cerdo.

Personalmente, en vez de las sempiternas patatas al vapor, propondría, con este ragú, una lombarda estofada. Una lombarda de 1 kg cortada en juliana, puesta en una cacerola con 125 g de mantequilla, sal y pimienta. Después de 1/2 hora de cocción a fuego suave, espolvoréela con harina y báñela con 2 dl de vino tinto. Cuézala lentamente, con el recipiente tapado, hasta que haya absorbido el vino (unas 2 horas).

Con el ragú de buey a la paprika, Maigret bebe un Costières du Gard.

Ponga en una cazuela 30 g de mantequilla y 125 g de tocino gordo cortado a dados, y deje que se derrita todo.

Trocee 1 kg de codillo de buey y pique toscamente 500 g de cebollas.

Disponga en la cazuela una capa de trozos de carne. Sazone con sal y recubra con la mitad de las cebollas. Espolvoree con media cucharadita de pimentón. Ponga una segunda capa de carne, la otra mitad de las cebollas, sal y de nuevo la misma cantidad de pimentón. Bañe con 2 dl de agua caliente. Lleve a ebullición. Tape y deje cocer sin que rompa a hervir, alrededor de 2 horas y tres cuartos.

Retire la tapadera. Vierta sobre el ragú 125 g de crema de leche fresca espesa. Dé un último hervor y sirva.

Miroton de buey

El olor procedente de la cocina era, exactamente, el del miroton de ahí arriba.

LES CAVES DU MAJESTIC

La harina utilizada deberá haber sido previamente extendida sobre una placa para repostería, tostándola ligeramente en seco, al horno.

Con el miroton de buey, Maigret bebe un Moulin-à-vent.

Corte en juliana 8 cebollas grandes. Escáldelas 1 minuto, escúrralas y séquelas.

Derrita en una cazuela 60 g de manteca de cerdo y haga tomar a las cebollas, removiendo con cuchara de madera para que no se quemen. Agregue 1 cucharada mediana de harina y, sin dejar de remover, tuéstelas ligeramente.

Vierta entonces 2 cucharadas soperas de vinagre en este roux y déjelo enfriar.

Vierta en la cazuela, removiendo a fondo para que no se formen grumos, 1/2 l de caldo de buey muy caliente. Agregue 1 cucharada de las de postre de puré de tomate, 2 dientes de ajo pequeños, un poco de pimienta recién molida, y deje cocer 20 minutos a fuego lento.

Trinche a tajadas delgadas 500 g de buey hervido (restos del puchero). Disponga la carne en una fuente de hornear.

Retire la salsa del fuego. Retire el ajo a ser posible si sigue entero. Compruebe el sazonamiento. Vierta la salsa sobre las tajadas de carne de buey y lleve a ebullición. Seguidamente, espolvoree con perejil picado y pan rallado. Rocíe con unas gotas de mantequilla derretida y meta la fuente a horno caliente, para que gratine. Sírvala.

Buey a la borgoñona

La señora Pardon había preparado buey a la borgoñona como sólo ella sabía hacerlo, y este plato, a la vez recio y refinado, había constituido el tema de la conversación.

Después, habían hablado de la cocina de provincias, del «cassoulet», del pote lorenés, de los callos al estilo de Caen, y de la bullabesa.

—En el fondo, la mayoría de estas recetas nacieron de la necesidad... Si hubieran existido refrigeradores en la Edad Media...

MAIGRET ET LE TUEUR

Si puede conseguir setas pequeñas tipo «cèpes», agréguelas al buey a la borgoñona al mismo tiempo que las cebollas. Un puré de apio acompaña «cordialmente» a este plato.

Con el buey a la borgoñona, Maigret bebe el mismo vino utilizado para guisar este plato, tal vez un Santenay.

Prepare un adobo con 2 puerros pequeños cortados a laminillas, 2 zanahorias cortadas a rodajas, 2 cebollas grandes toscamente picadas, 1 tallo de apio a dados, 3 dientes de ajo chafados, 1 ramillete de hierbas aromáticas, sal y pimienta, y una botella de vino tinto de Borgoña.

Corte a trozos grandes 800 g de carne de buey (cuello), y déjelos en el adobo durante 48 horas.

Pasado este tiempo, escúrralos cuidadosamente.

Sofría la carne de buey, en una cazuela, con 4 cucharadas de manteca de cerdo y a fuego vivo. Agregue las plantas aromáticas del adobo colado. Espolvoree con un poco de harina previamente secada al horno y, removiendo, deje que se tuesten ligeramente todos estos elementos.

Bañe con el adobo que habrá sido calentado y unos cuantos vasos de agua caliente, hasta cubrir la carne.

Añada 150 g de tocino de pecho salado, debidamente blanqueado. Rectifique el condimento. Tape la cazuela y deje cocer a fuego suave durante 3 horas y media.

Blanquee rápidamente una veintena de cebollitas blancas. Agréguelas a la carne. Retire el ramillete de hierbas aromáticas y deje cocer otro 1/4 de hora.

Fuera ya del fuego, agregue una cucharadita de marc de Borgoña y espolvoree con perejil finamente cortado.

«Huchpot»

Sirvieron un «huchpot», el plato nacional. La carne nadaba en litros de salsa...

UN CRIME EN HOLLANDE

En honor a la verdad, debo decir que a esta receta, típicamente holandesa, la señora Maigret prefiere guisar para su esposo, el comisario, un «hochepot» al estilo de Gante. Pone en la olla un pie de cerdo cortado en cuatro, una oreja de cerdo dividida en cuadrados, una cola de buey cortada a trozos y 400 g de pecho de ternera a dados gruesos junto con las hortalizas del puchero, la cebolla hincada con clavo de especia, sal, pimienta y el ramillete de hierbas aromáticas. Al romper a hervir, añade una col verde cortada en cuatro y deja cocer durante 45 minutos. Agrega, finalmente, 500 g de patatas y deja cocer 1/2 hora.

Con el «huchpot», Maigret bebe un Château Pétrus (Pomerol).

Cueza 600 g de falda de ternera en 2 l de agua, con 2 zanahorias y 2 cebollas hincadas con clavo, 1 ramillete de hierbas aromáticas, sal y pimienta, durante 2 horas y media.

Mediada la cocción, añada 500 g de patatas de las que se deshacen al cocerse.

Terminada la cocción, retire la carne. Córtela a tajadas gruesas, sobre una fuente caliente. En una cantidad de caldo equivalente al contenido de una salsera, chafe las patatas, como para hacer un puré. A continuación, añada caldo, hasta obtener una salsa espesa. Rectifique el condimento. Viértalo sobre la carne.

Sirva con alcaparras, pepinillos y cebollitas en vinagre.

Buey asado a la bordelesa

—¿Qué harás para almorzar?
—Tengo un asado, con cogollos de apio y puré.
¡El asado del domingo, como en su infancia! En aquella época, le gustaba muy hecho...

MAIGRET ET LE MARCHAND DE VIN

Una lata de conserva (4/4) contiene cuatro cogollos grandes de apio en rama. Córtelos longitudinalmente en dos, mójelos con agua fría y después enjúguelos. Póngalos en una sartén con mantequilla derretida, sal y pimienta. Tape la sartén y estófelos unos minutos en el horno. Sirva los cogollos «barnizados» con un poco de salsa del asado, alrededor de éste.

Con el asado de buey a la bordelesa, Maigret bebe un Graves tinto (Domaine de Chevalier).

Ponga en una fuente honda un trozo de solomillo de buey de 1 kg, aproximadamente. Salpiméntelo. Recúbralo con rodajas de cebolla y escalonias cortadas a laminillas, tallos de perejil, una hoja de laurel y unas ramitas de tomillo. Báñelo con 1/4 de litro de vino blanco y aceite de oliva. Déjelo al fresco toda la noche.

Disponga en una fuente de hornear, con un poco de manteca de cerdo, las plantas aromáticas del adobo. Coloque encima el solomillo, rociado con un poco de líquido de éste. Áselo al horno, rociándolo a menudo. Cuente unos 45 minutos de cocción.

Pase la carne asada a una fuente caliente. Cuele el jugo de cocción con un colador fino. Desengrase. Redúzcalo, si es necesario.

Sazone ligeramente el asado con sal y rocíelo con un poco de su jugo. Sirva el resto de éste en salsera.

Chuletón de buey braseado

—Hay vieiras, ¿qué te parece?
—Me apetecen las vieiras...
—Y después chuleta de buey braseada...
—¡Buena idea también!

MAIGRET ET L'INDICATEUR

Habrá que elegir una buena carne de buey, un equivalente del charolés o del lemosino, de color rojo vivo oscuro, brillante, ligeramente entreverada.

Cabe servir, aparte, patatas fritas o, mejor, abuñueladas.

Con la chuleta de buey braseada, Maigret bebe un Château Léoville Las Cases.

(«Charolais» y «limousin» son dos grandes razas bovinas francesas, de la región central, famosas por la bondad de sus carnes.)

Meche un hermoso chuletón de buey de 2,5 a 3 kg, bien desengrasado, con una docena de bastoncillos de tocino gordo sazonados con pimienta y especias, espolvoreados con perejil picado y macerados 1 hora en coñac.

Meta la carne en un adobo a base de vino tinto, cebollas hincadas con clavo de especia, rodajas de zanahorias y ramillete de hierbas aromáticas. Déjela adobar por espacio de 4 horas. Después, escúrrala y séquela.

Derrita en una cazuela 50 g de manteca de cerdo y haga tomar color al chuletón de buey por ambas caras. Agregue las plantas aromáticas del adobo y 1 kg de huesos de buey previamente dorados al horno. Salpimente. Bañe con el adobo y, si es necesario, con un poco de caldo. Tape el recipiente y cueza al horno, muy poco a poco, unas 4 horas.

Disponga la carne en una fuente caliente. Cuele el jugo de cocción. Desengráselo y, si es preciso, redúzcalo. Rectifique el condimento. Sirva el jugo en salsera.

Rosbif frío con salsa mosquetera

Regresó temprano a su casa, cenó carne fría, queso y ensalada, y después pasó la velada mirando la televisión.

MAIGRET ET L'HOMME SEUL

Comieron carne fría mirando cómo caía la noche, las calles todavía casi vacías, y las casas de enfrente, donde empezaban a encenderse algunas luces.

LA COLÈRE DE MAIGRET

La señora Maigret prepara su mayonesa con 2 yemas de huevo, una pulgarada de sal fina y otra de pimienta blanca, 1/4 de litro de aceite de oliva de primer prensado en frío. Si la salsa se espesa demasiado, la aclara con un chorrito de vinagre. Y si la mayonesa se corta, la «recompone» volviendo a comenzar con una yema de huevo y un poco de la salsa cortada.

Con el rosbif frío, Maigret bebe un Chinon (Clos de l'Echo).

Corte a tajadas no demasiado finas un rosbif asado en su punto. Dispóngalas en forma de turbante, superponiéndolas parcialmente. Adorne el centro con gelatina troceada y sirva aparte la salsa mosquetera.

Pique 4 escalonias. Póngalas en una cacerola con 1 dl de vino blanco y 1 cucharada de vinagre de vino blanco. Agregue una cumplida pulgarada de pimienta molida y reduzca por completo.

Rasque la cacerola para recoger el residuo, y tamícelo. Échelo en otra cacerola con 1 cucharada sopera de extracto de carne Liebig. Deje enfriar.

Prepare una mayonesa. Mezcle con ella el contenido de la cacerola, así como una cucharada de cebolleta finamente cortada con tijeras.

Escalopes a la florentina

—¡Angelino! Servirás a estos señores unos escalopes a la florentina. Dile a Giovanni que los prepare como para mí. ¿Le gustan los escalopes a la florentina, comisario?

MAIGRET, LOGNON ET LES GANGSTERS

A veces, la señora Maigret espolvorea este plato con parmesano rallado y lo gratina unos instantes en el horno. Elija unos limones de España, no tratados con difenil.

Con los escalopes a la florentina, Maigret bebe un Chianti.

En 800 g de carne de ternera corte escalopes, pequeños y delgados. Salpimente y pase después los escalopes por harina.

Caliente en una sartén para saltear 3 cucharadas soperas de aceite de oliva de primer prensado en frío, y saltee a fuego mediano los escalopes, 2 minutos por cada lado.

Dispóngalos en una fuente caliente. Deseche la mayor parte del aceite y agregue un vaso de caldo de ternera. Lleve a ebullición, removiendo y rascando el fondo de la sartén para desprender los fragmentos de carne. Vuelva a poner los escalopes y, sobre ellos 6 rodajas muy finas de un limón bien jugoso. Tape el recipiente. Deje cocer un cuarto de hora a fuego lento.

Reserve los escalopes en una fuente caliente.

Limpie y lave cuidadosamente 1 kg de espinacas. Échelas en una cacerola grande con agua hirviendo salada y déjelas cocer durante 10 minutos y sin tapar.

Escurra las espinacas y páselas bajo agua fría. Escúrralas de nuevo y estrújelas fuertemente entre las palmas de las manos. Recaliéntelas en una cacerola, con 60 g de mantequilla. Sazónelas con sal y pimienta.

En la sartén donde se han salteado los escalopes, reduzca el jugo de cocción, removiendo y exprimiendo las rodajas de limón. Cuele el jugo. Agregue esta salsa a las espinacas y mezcle bien.

Disponga las espinacas en una fuente caliente. Coloque encima los escalopes y sirva.

Fricandó con acederas

—Aquí no hay treinta y seis platos. Hay que tomar el plato del día... ¡Mire! Es fricandó con acederas...
—Uno de mis platos predilectos...

NOUVELLES ENQUÊTES DE MAIGRET

Hasta el olor cambiante de cocina, que era esta mañana olor de fricandó con acederas... No sabían todavía, ninguno de los dos, lo que harían hoy, martes, excepto que comerían el fricandó en casa y que después, sin duda, saldrían al buen tuntún.

MAIGRET S'AMUSE

Ella le había preparado fricandó con acederas, uno de los platos que él prefería.

LA FOLLE DE MAIGRET

—¡Por fin estás aquí, Maigret...! Ya me estaba preguntando... He preparado el fricandó tal como me lo has pedido por teléfono...

SIGNÉ PICPUS

El redondo de ternera debe ser del morcillo. Pueden utilizarse tetragonias en vez de espinacas e incluso cabe suprimir éstas por completo, en beneficio de las acederas, pero, tal como se da aquí, la receta resulta más suave al paladar.

Con el fricandó con acederas, Maigret bebe un Burdeos Côte de Fronsac.

Haga tomar color a fuego vivo, por todos sus lados, en una cazuela con aceite de oliva, a un redondo de ternera. Después, retírelo.

Cubra con cortezas de tocino el fondo de la cazuela y coloque encima el asado, junto con 1/2 pie de ternera, 2 zanahorias cortadas a rodajas y 1 cebolla hincada con clavo de especia. Bañe con 1/2 l de vino blanco y la misma cantidad de caldo de ternera. Sazone ligeramente con sal y lleve a ebullición.

Deje hervir, a fuego vivo, 40 minutos, y después 1 hora a fuego lento sin que arranque el hervor. Unos minutos antes de terminar la cocción, sazone con abundante pimienta. En aquel momento, la salsa debe ser corta y gelatinosa.

Lave 500 g de espinacas varias veces, cambiando el agua. Cuézalas en gran cantidad de agua hirviendo y salada, unos diez minutos. Escúrralas.

Lave 1 kg de acederas, cambiando varias veces el agua. Escúrralas. Entibie en una sartén grande 1 cucharada de aceite de oliva. Vierta en ella las acederas y cuézalas en su propia agua de vegetación, dándoles la vuelta con frecuencia. En cuanto se haya evaporado el agua, las acederas estarán cocidas. Sazónelas ligeramente con sal. Mézclelas con las espinacas y agregue 125 g de crema de leche fresca. Resérvelas en lugar caliente.

Traslade el redondo de ternera a una fuente caliente. Cuele el jugo de cocción y desengráselo. Recubra con él la carne. Sirva el puré de acederas aparte, en una fuente para legumbres.

Redondo de ternera con lentejas

En una pizarra podía leerse, escrito con tiza:

«Rillettes» del Morvan
Redondo de ternera con lentejas
Queso
Tarta de la casa...

Maigret se limitó a gruñir:

—¿Le gusta el redondo de ternera?

—Me gustan todos los platos del terruño. Yo también soy hijo de campesinos y mi hermano dirige la granja familiar.

LA PATIENCE DE MAIGRET

Huelga decir que se trata de lentejas del Puy, y que deben ser del año.

Con el redondo de ternera con lentejas, Maigret bebe un Châteaugay.

(Le Puy-en-Velay, en el departamento de Haute-Loire, tiene justificada fama por la calidad de sus lentejas.)

Limpie 1/2 kg de lentejas. Lávelas. Remójelas en un recipiente, cubriéndolas con agua ligeramente tibia, 2 horas.

Escurra las lentejas. Póngalas en 3 l de agua fría salada (7 g de sal por litro), con un cumplido puñado de bicarbonato. Cuézalas a fuego suave, para que la ebullición no se produzca hasta pasada una 1/2 hora larga.

Al romper a hervir, espume y después agregue un nutrido ramillete de hierbas aromáticas a base de tomillo, perejil, apio en rama y laurel, 2 cebollas hincadas con clavo de especia y 1 diente de ajo. Deje hervir suavemente 1 hora y media.

Derrita en una cazuela 50 g de manteca de cerdo y dore en ella, por todas partes, un redondo de ternera de 1,5 kg.

Añada alrededor de la carne 1 zanahoria y 3 escalonias cortadas a rodajas. Salpimente. Bañe con 1/2 l de caldo de ternera y cueza a fuego lento alrededor de 1 hora.

Escurra las lentejas. Incorpórelas a la cazuela, con la carne. Deje cocer todavía 1/4 de hora escaso. Agregue una cucharada de mantequilla y sirva.

«Blanquette» de ternera

—¿Le sirvo un vinillo de Bourgueil? Acompañará perfectamente la «blanquette»...

La «blanquette» tenía el punto justo de untuosidad, y la salsa era de un color amarillo dorado, muy perfumada.

MAIGRET ET LE MARCHAND DE VIN

—¿Qué nos has preparado para almorzar?

—«Blanquette» de ternera.

LA FOLLE DE MAIGRET

Sirvieron una «blanquette» de ternera que la señora Maigret no hubiera conseguido más cremosa...

UN ÉCHEC DE MAIGRET

—Tenemos «blanquette» de ternera —vino a anunciarle el dueño—. ¿Le parece bien?

—Perfectamente.

L'AMI D'ENFANCE DE MAIGRET

Se necesitan, a partes iguales, ternillas, espaldas y llana, y todas estas carnes han de estar cortadas a grandes dados. Una hoja de hierbabuena en el ramillete confiere al plato una nota interesante. Acompañamiento: arroz americano de grano largo, preparado «a la criolla».

Con la «blanquette» de ternera, Maigret bebe un Graves blanco (Château Magence) o un Bourgueil del año.

Corte a pedazos grandes 1 kg de ternera y déjelos expurgar 1/2 hora en agua tibia. Escúrralos.

Métalos seguidamente en una cacerola, cúbralos con agua fría, eche una pulgarada de sal, y lleve a ebullición. Espume. Agregue 1 cebolla en la que se habrán hincado 2 clavos de especia, y 2 zanahorias a rodajas, 1 vaso de vino blanco y un cumplido ramillete de hierbas aromáticas. Deje cocer a ligerísimo hervor durante 3/4 de hora. Escurra la carne.

Prepare un rojo blanco con 60 g de mantequilla y 1 cucharada sopera de harina. Bañe con el líquido de cocción de la carne, removiendo con cuchara de madera, a fuego muy reducido, para evitar la formación de grumos. Agregue pimienta.

Incorpore los trozos de ternera a la salsa y deje cocer 1/2 hora, para que la salsa se reduzca a la mitad.

Bata con tenedor 2 yemas de huevo con 100 g de crema de leche fresca. Agregue el zumo de un limón. Aparte la cacerola de la lumbre y vierta esta mezcla, poco a poco y removiendo. Rectifique el sazonamiento.

Sirva la carne en una fuente caliente, cubriéndola con la salsa blanqueta. Esparza por encima perejil finamente cortado. Adorne con picatostes, fritos con mantequilla.

Espalda de cordero rellena

Durante todo el almuerzo, cuyo plato fuerte era una espalda de cordero rellena, como Maigret no recordaba haberla comido...

MAIGRET A PEUR

Se habían despedido de los Pardon poco después de las 11, tras celebrar su cena mensual, que consistió esta vez en una sabrosa espalda de cordero rellena.

MAIGRET ET L'AFFAIRE NAHOUR

Hay que atar la espalda de cordero en forma de cruz y apretar fuertemente, ya que la carne tiende a encogerse con la cocción.

Con la espalda de cordero rellena, Maigret bebe un Cahors.

Mezcle íntimamente, en un cuenco, 250 g de carne de salchicha, 50 g de cebollas finamente picadas (rehogadas con mantequilla pero sin que lleguen a tomar color), 50 g de miga de pan sentado mojada con caldo y después escurrida, 2 cucharadas de perejil picado, y 1 huevo entero ligeramente batido. Pruebe la preparación y sazónela generosamente.

Haga que el carnicero le deshuese (pero delante de usted) una espalda de 1 kg. Extiéndala y rellénela, y después enróllela a lo largo y átela con varias vueltas de bramante.

Unte con 1 cucharada de manteca el fondo de una cazuela. Deposite en ella la espalda. Unte la parte superior con la misma cantidad de manteca y dórela, a fuego vivo, en todas sus caras. Una vez bien dorada la espalda, tape el recipiente y cueza a fuego medio 1 hora, dando en el transcurso de la misma tres o cuatro veces la vuelta a la pieza.

Limpie 6 zanahorias, córtelas en cuatro y échelas en 3 l de agua hirviendo sin sal. Cueza durante 1/4 de hora. Agregue 1 kg de habichuelas desgranadas y cueza durante otro cuarto de hora. Escurra.

Caliente en una sartén un poco de mantequilla y sofría en ella 2 cebollas cortadas a finas rodajas.

Disponga la guarnición —habichuelas y zanahorias bien escurridas— alrededor de la espalda en la cazuela. Distribuya encima las cebollas sofritas. Tape y cueza otros 30 minutos, rocíe de vez en cuando, inclinando la cazuela para llenar la cuchara, con el jugo de cocción. Verifique el sazonamiento antes de servir.

«Haricot» de cordero

—¿Eres tú, señora Maigret? —preguntó jovialmente a su esposa cuando ésta contestó al teléfono—. No vendré a almorzar. ¿Qué habías preparado?

—Un «haricot»[1] de cordero.

No lo lamentó, puesto que era un plato demasiado pesado para un día como aquél.

MAIGRET ET LE CORPS SANS TÊTE

«Haricot» es aquí una deformación de «halicot». Proviene del antiguo término francés «halicoter»: cortar en lonjas finas. Por lo tanto, no hay alubias en el «haricot» de cordero, que por otra parte existía mucho antes del descubrimiento de América, lugar de procedencia de las alubias.

Con el «haricot» de cordero, Maigret bebe un Chinon.

1. *En francés,* haricot *es judía, alubia.*

Cortar a trozos regulares 1 kg de pecho de cordero.

Dore en una cazuela, con un poco de manteca de cerdo, 150 g de tocino de pecho cortado a bastoncillos. Dore los trozos de cordero por todas sus caras, removiendo.

Deseche la grasa. Espolvoree con harina. Siga dorando sin dejar de remover y después bañe con un vaso de vino blanco seco y con caldo, hasta cubrir la carne. Agregue un ramillete de hierbas aromáticas. Cueza a borbotones, durante 1 hora.

Retire los trozos de carne y de tocino. Tire el ramillete de hierbas. Cuele el jugo de cocción y desengráselo.

Limpie 600 g de nabos redondos tempranos. Séquelos.

Vuelva a poner en la cazuela, limpiada, la salsa y las carnes. Lleve a ebullición. Rectifique el sazonamiento. Agregue los nabos. Acabe la cocción con el recipiente tapado, en el horno a ser posible, durante otra hora.

Ragú de cordero

Tenía la impresión de que su garganta seguía grasienta a causa del ragú de cordero que había comido en casa de los auverneses, y que tan sabroso le había parecido.

MAIGRET EN MEUBLÉ

Si el jugo no es suficiente para cubrir por completo la carne y las legumbres, agregue caldo. Puede tratarse de un caldo de cordero preparado con los huesos y los recortes de la espalda, pues siempre conviene comprar una espalda de cordero entera y hacer que el carnicero la deshuese delante de usted.

Con el ragú de cordero, Maigret bebe un Chateauneuf-du-Pape.

Corte a trozos 1 kg de espalda de cordero. Sazónelos con sal, pimienta y nuez moscada.

Derrita en una cazuela 50 g de manteca de cerdo y dore en ella la carne por todas sus caras, removiendo frecuentemente con una cuchara de madera. Retire los trozos y escúrralos. Vacíe la cazuela y límpiela con papel absorbente de cocina.

Ponga en la misma cazuela 30 g de mantequilla y derrítala. Agregue igual cantidad de harina y dore, removiendo a fuego medio, para obtener un rojo oscuro. Deslía entonces con 1/2 l de caldo, removiendo enérgicamente. Sin dejar de remover, lleve a ebullición.

Agregue entonces los trozos de cordero y el jugo que hayan soltado en el plato. Deben quedar totalmente cubiertos.

Añada 500 g de tomates pelados, sin pepitas y toscamente troceados, 1 ramillete de hierbas aromáticas, 1 cebolla de buen tamaño en la que se habrán hincado 2 clavos de especia, y deje cocer 1 hora con el recipiente tapado, a fuego muy suave.

Retire los trozos y dispóngalos en una fuente caliente. Cuele el jugo de cocción. Enjuague con agua la cazuela.

Ponga de nuevo en la cazuela la carne y su jugo. Agregue una veintena de cebollitas blancas peladas, 1 kg de patatas troceadas, sal y pimienta. Tape y cueza 1 hora en el horno.

Navarín primaveral

La sala del restaurante es vetusta. El plato del día está anunciado: un navarín primaveral.

FÉLICIE EST LÀ

Ha de removerse todo a fondo, tostando ligeramente la harina para evitar que caiga al fondo de la marmita y se pegue a él. Para desengrasar, incline la marmita a fin de reunir la salsa en el menor espacio posible y quitar, con ayuda de una cuchara, la grasa que, al cabo de unos instantes, sube a la superfice. No se deben lavar los nabos ni las zanahorias, pero sí enjugarlos para que adquieran color durante su rápido paso por la grasa.

Se desengrasará una vez más antes de servir, si es necesario (sobre todo si, en vez de espalda de cordero, se ha utilizado pecho o la parte alta del costillar).

Con el navarín primaveral, Maigret bebe un Pomerol.

Corte a trozos (70/80 g) 1 kg de espalda de cordero deshuesada. Sazónelos con sal y pimienta.

Derrita en una marmita 60 g de manteca de cerdo y, cuando humee, agregue los trozos de carne. Espolvoree con una pulgarada de azúcar y, a fuego vivo, dórelos en todas sus caras, sin dejar de remover.

Quite las 3/4 partes de la grasa. Eche 30 g de harina y remueva para que ésta se tueste un poco. Añada 1,5 l de caldo. Lleve a ebullición, a fuego vivo, removiendo con la espátula. Salpimente. Añada 4 tomates bien maduros y 1 diente de ajo chafado y 1 ramillete de hierbas aromáticas. Tape el recipiente y deje cocer, a ligero hervor, 1 hora y cuarto.

Pasado este tiempo, retire el ramillete y los pedazos de carne. Coloque éstos en una terrina. Desengrase el jugo de cocción y cuélelo sobre los trozos de carne. Limpie la marmita.

Vuelva a poner en la marmita la carne y su salsa. Póngala a fuego moderado, hasta que se reanude una ebullición regular y ligera. Agregue entonces 150 g de nabos tempranos y la misma cantidad de zanahorias, modelados en forma de bolitas, (previamente calentados unos minutos en la sartén, con un poco de manteca). Prosiga la cocción 20 minutos.

Añada entonces 400 g de patatas nuevas pequeñas debidamente raspadas, una veintena de cebollitas blancas peladas, un tazón de guisantes desgranados y 150 g de judías verdes cortadas diagonalmente. Procure que la salsa recubra bien todos estos ingredientes. Rectifique el sazonamiento y continúe la cocción 25 minutos.

Pierna de carnero a la bretona

La pierna de carnero estaba en su punto y las alubias se deshacían en la boca. El doctor había sacado una botella de vino añejo.

MAIGRET A L'ÉCOLE

Para la cocción de la pierna de carnero hay que contar 12 minutos por medio kilo, con 15 minutos para el primer medio kilo.

Con la pierna de carnero a la bretona, Maigret bebe un tinto de la isla de Ré.

Ponga 750 g de alubias blancas del año en una olla. Recúbralas con 2 l de agua (con una pulgarada de bicarbonato) y haga arrancar muy poco a poco la ebullición. Cuando se llegue al punto de hervor, retire la olla del fuego y déjela reposar 1 hora. Escurra las alubias.

Ponga de nuevo las alubias en la olla. Cúbralas con 2 l de agua hirviente. Sazone con sal. Agregue 1 cebolla hincada con clavo de especia, 2 dientes de ajo chafados y 1 ramillete de hierbas aromáticas. Cueza con fuego bajo, 1 hora y media.

Elija una buena pierna de carnero (2,5 a 2,8 kg). Frótela primero con un diente de ajo, y después úntela con manteca. Póngala a asar, embadurnándola de vez en cuando con manteca de cerdo derretida.

Pique una cebolla y rehóguela en manteca. Espolvoree con harina y deje que ambos ingredientes se tuesten algo. Bañe con un vaso de vino blanco y un poco de caldo, y remueva. Agregue 4 cucharadas de puré de tomate. Salpimente. Deje cocer unos diez minutos.

Escurra las alubias. Dispóngalas en una fuente de servicio y recúbralas con la salsa anterior. Espolvoree con perejil finamente cortado.

Sirva aparte la pierna asada en su punto, y la salsa en una salsera.

Pierna de cordero a la provenzal

Comió con buen apetito. Había una pierna de cordero de un bonito color rosado, con tan sólo una gota de sangre que perlaba cerca del hueso.

—Es magnífico... —suspiró, sirviéndose otra tajada.

MAIGRET ET L'HOMME TOUT SEUL

Hay dos maneras de trinchar una pierna: paralelamente al hueso, o bien perpendicularmente al hueso. La primera impide que se escape la sangre y permite obtener unas tajadas todas ellas cocidas por igual. La segunda proporciona unas tajadas cuyo punto de cocción es decreciente en dirección al hueso.

Con la pierna de cordero a la provenzal, Maigret bebe un tinto de Bellet.

Limpie y prepare una hermosa pierna de cordero lechal del Tricastin, con un peso de 1,2 a 1,5 kg.

Unte con mantequilla una fuente de gratinar previamente frotada con ajo.

Corte a rodajas gruesas patatas de una clase que no se deshaga y dispóngalas por capas, salpimentadas, en la fuente de gratinar. Espolvoree estas capas con un picadillo de ajo y perejil. Coloque encima la pierna.

Bañe con caldo de ave y cueza, en el horno, 1 hora. Sirva en el recipiente de la cocción.

Pierna de cordero en gelatina

Y Maigret contemplaba la carne rosada de la pierna de cordero, los restos de la ensalada perfumada. Era verdaderamente apetitoso...

Tenía hambre, y había aquella sabrosa pierna a unos centímetros de su nariz. Quedaban en la fuente dos trozos cortados. Tomó uno con los dedos y se lo comió, sin dejar de hablar, como si también él fuera de la casa.

LIBERTY BAR

Golpee la pierna con un rodillo de repostería. Esta operación tiene por objeto ablandar las carnes, rompiendo los nervios, y hacer que la carne sea más melosa.

Con la pierna de cordero en gelatina, Maigret bebe un fleurie del año.

Elija una pierna de cordero que, una vez preparada, no pese más de 2 kg. Golpéela con el rodillo.

En una fuente de hornear, disponga una delgada capa de ajo tierno picado muy menudo.

Unte la pierna con aceite de oliva y aplíquele una delgada capa de mantequilla salada. Póngala en la fuente y cuézala en el horno, 1 hora.

Terminada la cocción, retire la pierna y póngala en una terrina honda. Recúbrala con una gelatina pasada por la estameña, y deje enfriar.

Saque la pierna del molde al cabo de 12 horas y sírvala con una ensalada de lechuga.

Chuletitas de cordero lechal al romero

Saborearon su molleja de ternera, que estaba deliciosa, después unas chuletitas minúsculas y, por último, una tarta de fresas.

LA FOLLE DE MAIGRET

Un acompañamiento original y perfecto para estas chuletitas sería una ensalada de berros con aceite de oliva y mostaza Corcellet a la naranja.

Con las chuletitas de cordero, Maigret bebe un Château de Selle tinto.

4 chuletas pequeñas de cordero, gruesas pero bien limpias, es decir, dejándole al hueso tan sólo el medallón, por persona.

Ponga en un plato sopero 2 cucharadas soperas de aceite de oliva de primer prensado en frío, una pulgarada de sal y media cucharadita de romero en polvo. Mezcle bien.

Con la ayuda de un pincel, unte las chuletitas con este aceite aromatizado.

Áselas en la parrilla, 3 minutos por cada lado. Sírvalas de inmediato.

«Cassoulet»

—¿Qué hay para comer?
—Lo del almuerzo recalentado...
—¿Y qué había para almorzar?
—«Cassoulet»...

MAIGRET HÉSITE

Hay quienes añaden al «cassoulet» un poco de salsa de tomate. De hecho, no hace ninguna falta.

Con el «cassoulet», Maigret bebe un Villaudric.

Deje en remojo, toda una noche, 1 kg de alubias blancas («lingots») del año. Seguidamente, póngalas en agua fría con un poco de bicarbonato, pero sin sal, y lleve a ebullición. Espume.

Rehogue con un poco de grasa de oca 1 zanahoria, 1 cebolla y 1 diente de ajo finamente cortados. Agréguelos a las alubias, con 1 ramillete de hierbas aromáticas. Cueza a ebullición lenta 1/2 hora. Retire el ramillete de hierbas.

Dore en la sartén 2 muslos de oca confitada (alrededor de 1 kg) desengrasados, junto con 600 g de costilla de cerdo confitada y 350 g de salchichas de Toulouse, frescas. Agréguelo todo a las alubias. Prosiga la cocción.

Cuando las alubias empiecen a deshacerse, detenga la cocción. Viértalo todo en una fuente de barro y métala en el horno graduado a temperatura suave, por espacio de 1 hora.

Deje enfriar. Por la noche (o a la mañana siguiente), vuelva a meter el cassoulet en el horno, tras haber roto la costra y mezclado la parte superficial con lo demás. Agregue un poco de agua y recaliente a fuego muy suave. Sirva.

Asado de cerdo con lentejas

—¿Se puede comer aquí?

—¡Claro que se puede comer! ¿Qué desea? ¿Fricandó? ¿Asado de cerdo con lentejas...? Para empezar, hay un buen paté de campagne.

LE CLIENT LE PLUS OBSTINÉ DU MONDE

El carré es demasiado seco y el lomo también, y yo recomiendo la cabeza de lomo o bien la punta (región del sacro); sin embargo, no hay que hacerla desosar, pues, si bien resulta menos cómodo trinchar el asado, la carne sale ganando. La espalda tiene sus partidarios. Para variar, puede cambiar el adobo clásico por éste, que también utiliza la señora Maigret: hierva 5 hojas de salvia en 1 l de agua y 1/2 l de vino blanco con 5 dientes de ajo y otros tantos granos de pimienta negra. Frote el asado con sal marina y báñelo con el adobo frío.

Con el asado de cerdo con lentejas, Maigret bebe un Corent.

(El «carré» es el conjunto de las primeras y segundas costillas que, debidamente deshuesado, constituye una pieza excelente para el asado.)

Prepare un adobo cocido: haga que tomen color con aceite de oliva 100 g de zanahorias e igual cantidad de cebollas finamente cortadas, 2 escalonias, 1 brizna de tomillo y 1 ramita de apio, 1 hoja de laurel y unos tallos de perejil. Bañe con una botella de vino blanco. Agregue 6 granos de pimienta negra y 2 clavos de especia. Hierva durante 10 minutos. Deje enfriar.

Elija una pieza de 1,2 kg, más o menos, del trozo preferido (cabeza de lomo, carré, solomillo, punta, espalda). Quítele el exceso de grasa si es necesario. Póngala en el adobo enfriado y déjela unas horas en éste. Escúrrala.

Coloque el asado sobre la parrilla del horno, la parte más grasa hacia arriba.

Caliente el horno de antemano y regúlelo a calor medio. Meta en él la carne de cerdo. Cocción: 30 minutos por medio kilo.

Cuando la superficie esté bien dorada, rocíela con un poco de agua tibia. Verifique el punto de cocción con ayuda de una aguja de hacer media, clavada profundamente: el jugo que salga debe ser completamente blanco.

Entretando, cueza con agua ligeramente salada y bicarbonatada unas lentejas del Puy, previamente remojadas 1 hora, con una cebolla mechada con clavo de especia, ramillete de hierbas aromáticas y zanahorias a rodajas. Escúrralas. Retire el ramillete.

Ya la carne en su punto, vierta el jugo de cocción en un cuenco. Déjelo enfriar y desengráselo totalmente. Desglase la frasera con un poco de adobo y mezcle con el jugo. Rocíe las lentejas con esta salsa. Añada un buen trozo de mantequilla fresca y perejil picado. Sírvalas al mismo tiempo que el asado.

Chuleta de cerdo rellena

—Sopa, unas platijas y, si quiere, una chuleta de cerdo con col...

LA MAISON DU JUGE

Cueza con dos aguas la col verde. Pásela por el molinillo junto con dos patatas, para obtener un puré. Seque éste en el horno y líguelo a continuación con un poco de mantequilla fresca.

Con la chuleta de cerdo rellena con col, Maigret bebe un Chiroubles del año.

Dos chuletas de cerdo, de la parte del filete, bastante gruesas. Con la punta de un cuchillo bien afilado, saje la chuleta por cada lado en una anchura de 3 cm, hasta el hueso, y, con un movimiento de rotación, forme a todo lo largo de las chuletas una bolsa en el interior de cada una.

Corte a trozos pequeños 4 rodajas de salami y a láminas un trozo de queso de Friburgo. Mezcle con sal, pimienta, perejil y 1 hoja de salvia picados.

Llene con esta mezcla las bolsas de las chuletas, apretando bien.

Derrita en la sartén un poco de grasa de las chuletas, previamente retirada, o bien un poco de manteca de cerdo si las chuletas son poco grasas, y dórelas por ambos lados. Seguidamente, sazónelas con sal y cuézalas a fuego medio 1/4 de hora, con el recipiente tapado.

Sírvalas con un puré de col.

Choucroute a la alsaciana

Le agradaba que la camarera, ataviada con atuendo regional, fuese robusta y sana, con hoyuelos y cabellos rubios y rizosos, ajena a toda complicación psicológica. En el mismo orden de ideas, le pareció natural encargar una choucroute, que allí servían copiosa y con guarnición abundante junto con unas salchichas relucientes y un saladillo de un rosado inocente.

MAIGRET ET LES TÉMOINS RÉCALCITRANTS

Veinte minutos más tarde, Maigret, sentado a la mesa, frente a su mujer, degustaba una sabrosa choucroute a la alsaciana como tan sólo se la puede encontrar en París en dos restaurantes. El tocino era particularmente gustoso y el comisario había abierto unas botellas de cerveza de Estrasburgo.

MAIGRET ET L'AFFAIRE NAHOUR

Si, en el transcurso de la cocción, se advierte que la choucroute ha absorbido todo el líquido, agregue un vaso de vino rebajado con agua tibia.

Con la choucroute a la alsaciana, Maigret bebe cerveza.

Derrita en una cacerola 100 g de grasa de oca con 1 cebolla cortada a laminillas. Disponga encima unas finas rodajas de manzana.

Lave 2 kg de choucroute (col agria). Disponga una tercera parte de la misma en el fondo de la cacerola, sin apretarla. Ponga encima 5 granos de pimienta y otros tantos granos de enebro, metidos en una muñequilla de gasa, coloque encima otro tercio de la choucroute, otra muñequilla que envuelva, holgadamente, pimienta y enebro, y por último el resto de la choucroute. Reparta, por encima, 50 g de grasa de oca a trozos pequeños, y bañe con 1/2 l de agua y 1/2 l de vino de Alsacia (un Sylvaner, por ejemplo). Tape la cacerola, colóquela a fuego suave y deje cocer durante 1 hora y media.

Destape la cacerola. Remueva bien la choucroute y retire una mitad de ella. Disponga sobre la restante 350 g de tocino no ahumado, 350 g de tocino de pecho ahumado, una paletilla de cerdo ahumada pequeña, 350 g de chuletitas saladas (previamente puestas a remojar 1 hora en agua fría) y 1 muslo de oca ahumado. Recubra con la otra mitad de la choucroute. Tape la cacerola. Cueza 1 hora y media, en el horno.

Diez minutos antes de terminar la cocción, sumerja en agua hirviendo 4 salchichas de Estrasburgo y otras tantas de Frankfurt y déjelas cocerse sin llegar nunca a la ebullición.

Sirva la choucroute, después de haber retirado las muñequillas de gasa con la pimienta y el enebro, rodeada por las carnes y productos porcinos, y, aparte, patatas cocidas al vapor.

Choucroute del terruño

—¿Has guardado choucroute?

—¿No me dirás que quieres comerla? Es un plato pesado y no te encuentras bien...

—Caliéntala a pesar de todo. No te olvides del saladillo.

MAIGRET ET LE MARCHAND DE VIN

He aquí la receta de las albóndigas de hígado (lewerknepfle): pique 500 g de cabeza de lomo de cerdo con 250 g de hígado de cerdo, 1 cebolla, 3 dientes de ajo, la parte blanca de 1 puerro, y perejil. Trabe con 2 huevos enteros. Añada 100 g de harina, sal y pimienta. Mezcle bien. Forme bolas del tamaño de un huevo pequeño con este picadillo y échelas en agua hirviendo salada. Retírelas con la espumadera a medida que suban a la superficie.

Con la choucroute del terruño, Maigret bebe un Pinot tinto de Alsacia.

(El saladillo es una pieza de carne de cerdo —lomo, paletilla, etc.— puesta en salmuera o en sal y que se vende cruda. Se cuece después de desalada, cambiando varias veces el agua.)

Lave 1,5 kg de choucroute bien blanca con agua fría. Estrújela. Lávela por segunda vez con agua caliente. Escúrrala y vuelva a estrujarla vigorosamente.

Unte con manteca de cerdo el fondo de una cazuela. Disponga en ella una capa de rodajas de manzana muy finas, y a continuación la choucroute. Introduzca en ésta una muñequilla de gasa que contenga 1 diente de ajo y 6 bayas de enebro. Bañe mitad con vino de Alsacia, y mitad con agua. Agregue 75 g de manteca de cerdo y una pulgarada de sal. Tape con un papel parafinado y después con la tapadera, y cueza 1 hora a fuego medio.

Remueva bien la choucroute semicocida y añada 400 g de tocino ahumado y un carré de cerdo salado de 750 g. Déjela cocer a fuego suave durante 2 horas, vigilando para que siempre quede algo de líquido.

Pele una docena de patatas de una clase que no se deshaga con la cocción. Colóquelas sobre la choucroute para que se cuezan al vapor, 1/2 hora.

Retire las carnes y dispóngalas en una fuente caliente. Retire también las patatas y colóquelas alrededor. Escurra la choucroute, elimine la muñequilla y disponga la choucroute en el centro de la fuente.

Adorne la fuente con unas salchichas de Estrasburgo escalfadas (sin hervir) 5 minutos, y unas albóndigas de hígado.

Choucroute a la parisiense

Le apetecía, de pronto, comer una choucroute con guarnición en una cervecería de Montmartre o de Montparnasse, mano a mano con su americano.

CÉCILE EST MORTE

—¿Y si comiéramos algo? —propuso—. Hay una cervecería en la calle y confieso que una choucroute con guarnición...

... Pidió una segunda ración de choucroute, con un par de salchichas de Frankfurt y una tercera caña de cerveza.

NOUVELLES ENQUÊTES DE MAIGRET

Curiosa mezcla en Maigret, a esas horas, de holgada fruición epicúrea, de abandono voluptuoso de la carne, y de actividad cerebral intensa, de vida interior llevada al paroxismo...

Los dos hombres acababan de comer sopa de cebolla al gratén y el camarero colocaba ante ellos unas copiosas choucroutes con guarnición, cambiaba ya las jarras...

SIGNÉ PICPUS

Al comprar la choucroute, recuerde que hay «crus» de choucroute, y también que ésta tiene su temporada. Por consiguiente, la elección del vendedor y la confianza que pueda depositarse en él tienen su importancia.

Con la choucroute a la parisiense, Maigret bebe cerveza a presión.

Disponga sobre un paño 2 kg de choucroute bien lavada y escurrida. Sazónela ligeramente con sal, añádale pimienta y espolvoréela con nuez moscada rallada. Mezcle a mano.

Ponga el tercio de la choucroute en una cacerola cuyo fondo habrá sido recubierto con albardillas de tocino magro hincadas con clavos de especia. Agregue 3 zanahorias enteras, 2 cebollas, 1 ramillete de hierbas aromáticas, 1 diente de ajo y después el segundo tercio de la choucroute, con otras 2 zanahorias y 15 bayas de enebro metidas en una muñequilla de gasa. Por último, añada la choucroute restante.

Introduzca en el medio un hueso de jamón, 400 g de tocino magro de pecho, un trozo de saladillo (también unos 400 g) y un pequeño salchichón al ajo. Cúbralo todo con 150 g de manteca de cerdo. Bañe con un vaso de vino blanco y complete con agua para que la choucroute quede cubierta en sus tres cuartas partes. Lleve a ebullición.

Al romper a hervir, meta la cacerola en el horno y deje cocer a fuego suave durante 3 horas. Retire el salchichón, el tocino y el saladillo a medida que se complete su cocción.

Cueza aparte patatas con su piel, y después pélelas. Cueza, sin que lleguen a hervir, media docena de salchichas de Estrasburgo. Agréguelas a la fuente de servir que contendrá la choucroute formando cúpula, rodeada por las carnes y las zanahorias.

Pote lorenés

—No, nada de choucroute para mí, pero comeré de buena gana un pote lorenés.

L'AMIE DE MADAME MAIGRET

No «remueva» el pote durante la cocción y retire las verduras con la espumadera, ya que éstas, muy cocidas, se encuentran ya muy deshechas. Pero tal es, precisamente, la característica de este pote. Y más de una vez la señora Maigret ha pasado todas las legumbres por el molinillo para servir, junto con las carnes, un puré original.

Con el pote lorenés, Maigret bebe un vino gris de Toul.

Llene de agua hasta la mitad una olla de gran tamaño. Eche en ella un puñado de sal, 1 cebolla hincada con 3 clavos de especia, 1 hoja de laurel, 4 puerros atados con 1 ramillete de perejil, 1 hoja de apio, 1 diente de ajo, 1 puñado de perifollo y unas cuantas vainas de guisantes secadas al horno para dar color. Ponga la olla a fuego vivo.

Cuando hierva el agua, agregue 4 zanahorias cortadas a cuartos, otros tantos nabos a rodajas, 150 g de judías verdes frescas y un cuenco de guisantes desgranados. Deje cocer a ligero hervor por espacio de 2 horas. Retire las vainas de guisantes y el ramillete de puerros y perejil.

Agregue al pote una col deshojada y blanqueada y, apenas se reanude la ebullición, una espaldilla de cerdo ahumada bien enjugada. Reanude la cocción otra hora y media.

Añada entonces al pote una buen trozo de tocino magro de pecho y un salchichón. Cueza 1/2 hora.

Agregue a la olla, cuyo líquido se habrá evaporado ya casi por completo, unas patatas peladas, cada una de ellas con una pizca de sal. Tape la olla y concluya la cocción. Cuando las patatas estén cocidas, sirva el pote.

VERDURAS Y PASTA

Espárragos a la Fontenelle

Habían comenzado con espárragos y les sirvieron raya a la mantequilla negra.

MAIGRET ET LES VIEILLARDS

Para limpiar los espárragos, hay que pelarlos, nunca rasparlos.

Con los espárragos a la Fontenelle, Maigret bebe un Entre-deux-mers.

Pele un manojo de espárragos de Argenteuil. Córtelos todos a la misma longitud. Lávelos perfectametne. Reconstituya el manojo y átelo.

Coloque el manojo, verticalmente, en una olla estrecha y alta, con agua hasta los 4/5 partes de la altura. Sazone ligeramente con sal. Lleve a ebullición.

Una vez cocidos los espárragos, escúrralos, desátelos y envuélvalos con un paño para mantenerlos calientes.

Cueza 2 huevos pasados por agua por cada comensal.

Derrita un poco de mantequilla fresca y póngala en un pequeño bol. Prepare en otro bol un poco de crema de leche fresca, espesa.

Sirva. Se come el huevo pasado por agua, utilizando los espárragos en vez de bastoncillos de pan y mojándolos primero en la mantequilla derretida y después en la crema de leche fresca.

Boletos al horno

Por un instante, Maigret piensa en los boletos que se están cociendo lentamente, exhalando un buen olor a ajo y a bosque mojado. Le chiflan los boletos.

FÉLICIE EST LÀ

Hay que elegir boletos de buen tamaño e iguales. Desde luego, es preciso que estén intactos y sin ningun indicio de agusanamiento.

Con los boletos al horno, Maigret bebe un Château Giscours.

(Los boletos, setas muy apreciadas por su calidad gastronómica, son el Boletus edulis, *conocido en castellano como seta de calabaza, seta de Burdeos o, simplemente, boleto. En catalán, recibe los nombres de «cep», «siuró», y «siureny», en euskera el de «onto zuri», y en gallego el de «fungo panadero». En Italia, llamados «funghi porcini», son también muy estimados e intervienen en la elaboración de numerosos platos de alta cocina.)*

Consiga 1 kg de boletos grandes y sanos, de carne firme. Límpielos con un paño húmedo, cuidadosamente, y después córteles el pie. Sólo utilizará los sombrerillos o sombreretes.

Caliente en una sartén un poco de aceite de oliva de primer prensado en frío y añada, a fuego vivo, los sombreretes de las setas, previamente salpimentados. Rehóguelos rápidamente y a continuación escúrralos.

Disponga las setas sobre una placa de hornear, con el lado cortado hacia arriba. Llene la parte cóncava con una mezcla de pan rallado y ajo picado muy menudo. Vierta sobre cada una un chorrito de aceite de oliva y concluya la cocción, a horno caliente, durante 10 minutos.

Ensalada de patatas

—¿Que te apetecería comer?
—Jamón, patatas con aceite y ensalada verde...

MAIGRET ET L'INDICATEUR

El secreto del éxito estriba en el sazonamiento, que debe efectuarse en caliente.

Con la ensalada de patatas, Maigret bebe un Beaujolais-Villages.

Pele 2 kg de patatas de una clase que no se deshaga al cocerse. Lávelas y séquelas. Córtelas a dados de buen tamaño.

Ponga a hervir una cacerola con agua salada. Eche en ella las patatas y cuézalas, a cacerola tapada, unos doce minutos.

Prepare una salsa con 4 dl de aceite de oliva de primer prensado en frío, 1 dl de vino blanco, 1 cucharadita de mostaza al champaña, sal y pimienta recién molida.

Escurra las patatas cocidas, en una ensaladera. Vierta encima la salsa y mezcle bien. Espolvoree con cebolleta finamente cortada y sirva.

Patatas fritas

Maigret se apresuró a llevarse a la boca unas patatas fritas, apetitosas a más no poder... Nada le impedía saborear sus patatas fritas, que eran verdaderamente sensacionales, crujientes por fuera y que se deshacían por dentro.

LES CAVES DU MAJESTIC

En su fuero interno, mientras saboreaba la morcilla jugosa y de piel crujiente, acompañada por unas patatas fritas que no olían a grasa quemada...

MAIGRET HÉSITE

En vez de aceite, se puede emplear grasa de ternera debidamente clarificada. De todos modos, conviene disponer de una grasa de freír reservada únicamente a las patatas (o a otras verduras o buñuelos de verduras) para que no adquiera olor. Y esta grasa no debe dejarse enranciar.

Con las patatas fritas, Maigret bebe Beaujolais o cerveza, según el plato que acompañen.

Lave, pele, vuelva a lavar y seque unas patatas de buen tamaño y que no se deshagan al cocerse. Córtelas longitudinalmente, a rodajas de apenas 1 cm de grosor. Divida seguidamente estas rodajas en bastoncillos. Las futuras patatas fritas no deben tener más de 1 cm de lado, acaso algo menos. Séquelas en un paño.

Tenga en la freidora gran cantidad de aceite humeante. Sumerja en él un cesto de freír que contenga parte de las patatas. Es preciso que la temperatura del aceite sea de unos 180°. La masa fría reduce la temperatura a 160°. Cuando las patatas empiecen a cobrar un color dorado, reduzca el fuego para que el aceite llegue a 150° y se mantenga a esta temperatura. Deje freír 5 minutos. Retire el cestillo.

Recaliente el aceite hasta que vuelva a humear (180°) y sumerja en él las patatas por segunda vez, bruscamente. Deje que adquieran un hermoso color dorado oscuro y escúrralas. Espolvoree con un poco de sal, voltéelas. Viértalas formando pirámide en una fuente sobre la que se habrá dispuesto una servilleta doblada.

Espaguetis a la carbonara

—Entonces, para empezar dos de espaguetis.
—¿Qué vino?
—Un *fiasco* de chianti...

MAIGRET, LOGNON ET LES GANGSTERS

Como todas las pastas, los espaguetis deben servirse «al dente», es decir, todavía algo crujientes, y ello depende de la duración de la cocción, que, según los gustos, podrá prolongarse un poco.

Con los espaguetis a la carbonara, Maigret bebe un Chianti.

Bata en un cuenco, con una cuchara de madera, 60 g de mantequilla, hasta que forme espuma.

En otro cuenco, bata 2 huevos enteros, más 2 yemas, y agrégueles 80 g de queso parmesano rallado.

Eche, en abundante agua hirviendo salada, 500 g de espaguetis. Remueva y déjelos cocer 8 minutos.

Durante esta cocción, saltee en una sartén, con mantequilla, 100 g de tocino magro en finas lonchas. Deseche la grasa formada y añada a la sartén un pimiento rojo pequeño y seco, toscamente trinchado, y una botellita de crema de leche fresca. Mantenga la sartén en lugar caliente.

Escurra los espaguetis. Póngalos en una fuente honda bien caliente. Vierta encima, primero, la mantequilla espumosa, y mezcle con la ayuda de dos tenedores de madera. Añada seguidamente los torreznos y la crema. Por último, agregue los huevos batidos con el queso, removiendo cuidadosamente.

Cuando la pasta esté bien impregnada y los huevos cocidos al estar en contacto con ella, rectifique el sazonamiento y añada una cumplida pulgarada de pimienta.

Sirva los espaguetis y aparte, en un cuenco, 100 g de parmesano rallado.

Guisantes en conserva

Con un ritmo regular, los guisantes caían en la jofaina esmaltada. La señora Maigret, con las rodillas separadas, había llenado con ellos su delantal, y había dos cestos grandes de guisantes cogidos por la mañana para hacer conserva.

MAIGRET SE FÂCHE

La cantidad de guisantes obtenida al desgranar varía según las especies. La revista Cuisine et Vins de France *asegura que cuanto más finos son los guisantes menor es su rendimiento, y brinda estas cifras: hay que contar 3 kg de guisantes sin desgranar para llenar un bocal de 1 l.*

Desgrane los guisantes dividiéndolos en tres partes: los grandes, los medianos y los pequeños.

Disponga cada grupo, por separado, en un gran cuadrado de estameña y reúna las cuatro esquinas. Ponga agua a hervir y sumerja en ella cada estameña con sus guisantes. Cuente 6 minutos para los guisantes grandes, 4 minutos para los medianos y 2 minutos para los pequeños.

Sumerja las estameñas en agua fría, seguidamente escúrralas y vierta los guisantes en un tamiz.

Vierta los guisantes en los bocales, aproveche toda la capacidad de éstos golpeando su fondo contra una mesa cubierta por un paño grueso, para no romperlos. Añada agua salada al 22 % con medio terrón de azúcar. Coloque la juntura de goma de los bocales. Fije sus tapas con un resorte grande y póngalos al bañomaría caliente con agua hasta el borde. Cuézalos 1 hora. Retírelos del baño. Cierre el segundo resorte y tápelos con un paño hasta la mañana siguiente.

A la mañana siguiente, levante el segundo resorte. Ponga los bocales al bañomaría frío y a fuego vivo. Deje hervir 25 minutos. Sáquelos. Coloque de nuevo el segundo resorte. Tape los bocales con un paño y espere hasta que se enfríen del todo antes de guardarlos en la alacena.

POSTRES

Tarta de manzana del Bajo Rin

Servían una tarta de manzana hecha en casa y desde la cocina llegaba el aroma del café.

MAIGRET A L'ÉCOLE

No emplee nunca manzanas Golden para este uso (ni, por otra parte, tampoco para otros).

Con la tarta de manzana, Maigret bebe un Tokay de Alsacia.

Mezcle rápidamente 120 g de mantequilla reblandecida con 160 g de harina y 40 g de maizena. Añada una pulgarada de sal, 50 g de azúcar en polvo y 1 huevo batido. Mezcle sin trabajar con exceso la masa.

Extiéndala con el rodillo y guarnezca con ella una tartera de gran diámetro. Pinche el fondo con un tenedor.

Monde 1 kg de manzanas reinetas. Córtelas a rodajas. Cubra la masa con estas rodajas, dispuestas en círculos concéntricos. Meta la tartera a horno caliente 20 minutos.

Mezcle 4 dl de leche con 100 g de azúcar y deslía en ella 15 g de harina e igual cantidad de maizena. Agregue 1 huevo entero y 2 yemas más. Ralle un poco de nuez moscada y bata ligeramente la mezcla.

Al cabo de los 20 minutos, saque la tarta del horno. Vierta encima la crema y vuelva a meter en el horno, 10 minutos más. Desenhórnela y déjela entibiarse.

Espolvoree con azúcar lustre y saque la tarta del molde.

Tarta de ciruelas mirabel

Era una tarta de ciruelas, jugosa y perfumada con canela.

LA PATIENCE DE MAIGRET

Cuando los bordes de la tarta estén bien dorados, se puede recubrirla con una hoja de aluminio y proseguir la cocción. Esto evitará que se queme.

Con la tarta de ciruelas, Maigret bebe champagne (cuvée Belle Époque).

Vierta en una terrina 200 g de harina. Haga un hueco en el centro y ponga en él 1 huevo batido, 100 g de azúcar en polvo y 1 sobre de azúcar avainillado. Mezcle con tenedor.

Agregue 100 g de mantequilla reblandecida y, a continuación, mezcle poco a poco la harina y trabaje la masa, rápidamente, a mano, de modo que toda la harina quede absorbida.

Alise la pasta con la palma de la mano, haga una bola con ella y déjela reposar 2 horas en lugar fresco.

Bata en una cacerola 3 huevos con 120 g de azúcar. Añada 50 g de almendras en polvo, un poco de canela en polvo y 80 g de harina. Bátalo todo con el batidor.

Hierva 1/2 l de leche y viértala, hirviente, en la misma cacerola, sin dejar de batir vivamente con el batidor. Póngala a fuego suave y deje cocer, sin dejar de remover, hasta que la crema se espese. Retírela del fuego.

Extienda con el rodillo para repostería la pasta reposada hasta darle un espesor de 1/2 cm. Guarnezca con ella una tartera previamente untada con mantequilla. Vierta en ella la crema enfriada.

Lave y seque unas ciruelas maduras, y después deshuéselas. Dispóngalas sobre la crema, bien apretadas entre sí, y meta la tartera en el horno.

Cueza a fuego medio unos 35 minutos.

Prepare en cacerola un caramelo, con un poco de mantequilla, agua y azúcar. Espolvoree con canela. Déjelo enfriar. Despéguelo y macháquelo para cristalizarlo. Espolvoree con él la tarta al sacarla del horno, y después déjela enfriarse.

Tarta de albaricoque con crema franchipán

... Después del conejo de monte y la tarta de franchipán, una especialidad de la señora Maigret...

LES NOUVELLES ENQUÊTES DE MAIGRET

Para evitar que la superficie de la crema franchipán reservada en una terrina se reseque, pinche un trozo de mantequilla con la punta de un cuchillo y páselo por dicha superficie cuando todavía esté caliente. Cabe perfumar el almíbar con una copita de licor de albaricoque.

Con la tarta a la franchipán, Maigret bebe un champán Mumm cuvée René Lalou.

Prepare una pasta brisa con 250 g de harina, 125 g de mantequilla, 5 g de sal y 1 dl de agua. Envuelva la bola de masa con papel sulfurizado y resérvela así unas horas.

Mezcle 100 g de harina tamizada con 100 g de azúcar, una pizca de sal, 1 huevo entero y 4 yemas. Remueva esta mezcla durante 5 minutos. Agregue 1/2 l de leche que haya hervido con una vaina de vainilla Bourbon, y después enfriada.

Ponga a hervir esta mezcla 2 minutos a fuego suave, removiéndola sin cesar.

Fuera del fuego, añada a la crema obtenida 50 g de mantequilla derretida y 30 g de almendras en polvo. Mezcle a fondo. Vierta en una terrina. Deje enfriar.

Parta por la mitad y deshuese 1 kg de albaricoques bien maduros. Escálfelos en un almíbar (125 g de agua hervida con otros tantos de azúcar). Escúrralos.

Unte con mantequilla una tartera. Guarnézcala con la pasta brisa previamente extendida con el rodillo. Pinche el fondo con un tenedor. Recubra el fondo con un papel parafinado y distribuya en él unas judías secas o unas piedrecillas, para evitar que la pasta se hinche con la cocción. Meta a horno caliente y deje cocer durante 20 minutos.

Tire las alubias o las piedrecillas. Saque la hoja de papel. Recubra el fondo de la tarta con la crema franchipán. Alise la superficie con el dorso de una cuchara. Coloque encima los medios albaricoques. Espolvoree con azúcar cristalizado y sirva.

Tarta de arroz

—¿Me permite que venga a presentarle mis respetos? ¿Tal vez habrá aquella excelente tarta de arroz?

CHEZ LES FLAMANDS

Si se puede utilizar leche no pasteurizada, mejor que mejor. Con la tarta de arroz, Maigret bebe una copita de ginebra.

Prepare una pasta con 250 g de harina, 125 g de mantequilla, 5 g de sal y 1 dl de agua. Envuelva la bola de masa en papel parafinado y resérvela unas cuantas horas.

Extienda la masa con el rodillo y guarnezca con ella una tartera previamente untada con mantequilla. Pinche el fondo con un tenedor.

Lave cuidadosamente 180 g de arroz. Échelo en agua hirviendo y cuézalo 5 minutos. Escúrralo.

Vierta entonces este arroz en 1 l de leche hirviendo, en el que se habrá echado 1 vaina de vainilla Bourbon. Cueza a fuego muy suave, sin remover, 1/2 hora. Agregue entonces 100 g de azúcar en polvo y cueza durante otro 1/4 de hora.

Retire la vainilla. Mezcle con el arroz con leche unas pasas de Corinto maceradas en ron blanco y unas frutas confitadas troceadas muy menudas. Llene el fondo de tarta con esta mezcla. Cueza al horno, 1/4 de hora. Espolvoree con azúcar y deje enfriar.

Tarta de almendras

—Escribo a Jaquette para darle la receta de la tarta de almendras que a usted le gusta tanto.

MAIGRET ET LES VIEILLARDS

La elección del licor es cuestión de gustos. A veces, la señora Maigret se deja tentar por el noyó de Poissy.

Con la tarta de almendras, Maigret bebe un Château d'Yquem.

Mezcle 40 g de azúcar en polvo con 125 g de harina de flor y una pizca de sal. Páselo todo por el tamiz, encima de una ensaladera.

Haga un hueco en el centro y rompa en él 1 huevo entero. Deslía con cuchara de madera, agregue otro huevo y después otro, siempre trabajando con la espátula. Vierta entonces, poco a poco, 1/4 de litro de leche hervida y enfriada, y bata hasta obtener una masa lisa y fluida. Déjela reposar 1 hora.

Pasado este tiempo, agregue a la masa 2 cucharaditas de curaçao y otro tanto de zumo de mandarina clementina. Moldee las crêpes.

Frote 2 terrones de azúcar sobre la corteza de 2 mandarinas clementinas. Ponga en un cuenco 60 g de mantequilla reblandecida junto con 40 g de azúcar y trabaje con cuchara de madera. Agregue los terrones de azúcar aromatizados con mandarina, el zumo de las 2 clementinas, y 2 cucharaditas de curaçao. Mezcle hasta obtener una masa bastante blanda: es la mantequilla perfumada.

Sobre cada crêpe, bien caliente, extienda 1 cucharadita de esta mantequilla. Doble la crêpe en cuatro. Repita la operación y vaya alineando las crêpes sobre una fuente calentada.

Pastel de fresas

Saborearon su molleja de ternera, que estaba deliciosa, después unas minúsculas costillitas de cordero, y por último una tarta de fresas.

LA FOLLE DE MAIGRET

Las proporciones de una crema Chantilly son de 125 g de azúcar en polvo por 400 g de crema de leche fresca. Hay que batir suavemente al principio, con un batidor de varillas flexibles, y detenerse en el acto en cuanto la nata adquiera firmeza y se sostenga entre las varillas.

Con la tarta de fresas, Maigret bebe un champaña rosado.

Bata en un cuenco 150 g de azúcar y 3 huevos enteros.

Agregue poco a poco 200 g de harina, 1 sobre de levadura y 1 copita de las de licor de agua. Mezcle bien.

Lave 350 g de fresas silvestres en un poco de agua con unas gotas de vinagre. Escúrralas y séquelas sobre un paño o una hoja de papel absorbente.

Espolvoree las fresas silvestres con un poco de harina y voltéelas para que ésta se distribuya. Agréguelas a la masa, junto con una cucharadita de licor de fresa.

Viértalo todo en un molde untado con mantequilla y cueza a horno graduado a temperatura media por espacio de 40 minutos.

Deje entibiar. Vacíe el molde y sirva el pastel recubierto con nata (crema Chantilly).

Pastel almendrado

Comieron tranquilamente y tuvieron que aceptar el pastel almendrado preparado por la dueña, que quiso servírselo personalmente, después de secarse las manos con el delantal.

MAIGRET ET MONSIEUR CHARLES

Cabe sustituir el noyó de Poissy por un aguardiente u otro licor. Si mister Pyke hubiera obsequiado a su colega francés con una botella de whisky pure malt, por ejemplo, no cabe la menor duda de que la señora Maigret probaría con éxito esta posibilidad.

Con el pastel almendrado, Maigret bebe un Sauternes (Château Climens).

(El noyó de Poissy es un licor dulce, de 45°, elaborado con huesos de frutas y nueces. Tiene un pronunciado sabor de almendra.)

Con 250 g de harina, 125 g de azúcar en polvo, 125 g de mantequilla y 2 huevos, haga una masa homogénea y déjela reposar unas horas.

Extienda la masa con el rodillo y guarnezca con ella un molde, pinchando el fondo con un tenedor.

Maje en el morero 200 g de almendras frescas desprovistas de su piel. Agrégueles 250 g de azúcar en polvo avainillado, 1 cucharada de noyó de Poissy, 1 o 2 yemas de huevos y 50 g de mantequilla derretida. Mézclelo todo íntimamente.

Bata con el batidor 2 claras de huevo y añádalas a la preparación anterior. Llene con ella la tartera y cueza a horno graduado a temperatura suave durante 3/4 de hora. Deje entibiar.

Pastel de moka

Boletos a la bordelesa, pollos al vino, pastel de moka, beaujolais, un armagnac añejo...

—¿Ha comido bien, señor Maigret? —preguntó la truculenta Mélanie, que contaba con más de un personaje célebre entre su clientela y que los trataba a todos con una familiaridad maternal—. Le copié la receta para la señora Maigret. ¿La ha probado ya?

CÉCILE EST MORTE

A la crema de moka se le puede añadir una pizca de aguardiente. También cabe mezclar esencia de café y licor de cacao.

Con el pastel de moka, Maigret bebe un Dom Perignon.

Trabaje en un cunco, con cuchara de madra, 8 yemas de huevo con 250 g de azúcar en polvo. Agregue las claras batidas a punto de nieve firme y 150 g de fécula. Aromatice con una cucharada de zumo de limón.

Unte con mantequilla un molde y vierta en él esta preparación.

Cueza a horno graduado a temperatura muy suave, durante 1 hora. Deje enfriar.

Vacíe el molde. Corte el pastel horizontalmente a rodajas gruesas, de 1,5 cm.

Bata aparte, a punto de nieve firme, 4 claras de huevo. Mézclelas con 200 g de azúcar en polvo y, en una cacerola puesta a fuego suave, trabaje largo tiempo esta mezcla.

Retire la cacerola del fuego. Añada 3 o 4 cucharadas de esencia de café y, sin dejar de batir, 250 g de mantequilla reblandecida y cremosa.

Unte las rodajas de pastel con esta crema de moka, y colóquelas una encima de otra hasta formar de nuevo el pastel. Cubra la parte superior con el resto de la crema.

Babá al ron

Comieron unas rillettes de la región, un pollo al vino blanco y, después del queso de cabra, unos babás al ron.

MAIGRET ET LE TUEUR

La salsa al ron se prepara calentando, hasta el punto de ebullición, 125 g de azúcar en 1/2 l de aguay 2 dl de ron ambarino. Retírela del fuego apenas rompa a hervir.

Con el babá al ron, Maigret bebe champaña Krug.

Deslía 20 g de levadura de panadería con 2 cucharadas de leche tibia.

Mezcle con esta levadura 60 g de harina y trabájelo todo para formar una masa blanda. Déjela leudar por espacio de 7 horas, a temperatura suave.

Agregue a la masa fermentada, 100 g de mantequilla, una pizca de sal, 190 g de harina, 3 huevos y 90 g de azúcar en polvo. Trabaje enérgicamente esta masa a mano, en un cuenco, durante 10 minutos.

Agregue 100 g de pasas de Corinto, previamente bañadas en ron ambarino hasta que se hinchen, y después escurridas.

Unte abundantemente con mantequilla un molde en forma de corona. Llénelo hasta la mitad con la pasta y cueza 50 minutos a horno graduado a temperatura moderada.

Saque el babá y rocíelo, todavía caliente, con una salsa al ron.

Profiteroles de chocolate

Como postre, Rose trajo un enorme plato de profiteroles y la anciana observó al comisario con ojos llenos de malicia.

MAIGRET A PEUR

Los muy golosos sustituirán el cacao por chocolate, pero los buenos conocedores saben que el placer que ofrecen los profiteroles consiste en las dos oposiciones: lo dulce del helado y lo amargo de la salsa, el frío del helado y salsa bien caliente.

Con los profiteroles, Maigret bebe un Blason de France (Perrier-Jouet).

En una cacerola con 1/2 l de agua, ponga 200 g de mantequilla, 4 terrones de azúcar y una pizca de sal. Lleve a ebullición unos instantes y después retírela del fuego.

Vierta de golpe en la mezcla, todavía muy caliente, 250 g de harina y remueva vivamente con la espátula de madera.

Vuelva a poner la cacerola a fuego moderado para desecar la pasta. Hay que removerla para que no se pegue y, cuando se desprenda fácilmente con la espátula, aparte la cacerola del fuego.

Agregue, fuera del fuego, 1 huevo batido, mezclando con vigor y durante largo tiempo, y añada, uno a uno, otros 3 huevos hasta su absorción completa.

Disponga en una placa de hornear debidamente untada con mantequilla unas bolas de masa del tamaño de una nuez. Aplíqueles, con pincel, yema de huevo. Meta la placa en el horno.

Profiteroles de chocolate

(continuación)

Es preciso que el horno esté previamente calentado, a fuego medio. Deje cocer 25 minutos para que estos petisús se inflen, pero sin dorarse en exceso para que no se resequen.

Saque los petisús y déjelos enfriar.

Ponga en una cacerola 2 dl de agua, 250 g de cacao y 100 g de azúcar. Lleve a ebullición. Deje cocer 10 minutos, a ligero hervor, removiendo con cuchara de madera para obtener una salsa lisa y sin grumos.

Deslía en un cuenco, con un poco de agua fría, 2 cucharaditas de fécula de patata y vierta este líquido sobre el cacao caliente, para espesarlo. Remueva unos minutos, sobre el fuego.

Rellene los petisús con helado de vainilla muy firme y muy dulce. Sirva cuatro o cinco profiteroles por persona, en una copa de cristal. Vierta encima la salsa de chocolate hirviente.

Pastel de arroz a la normanda

La sirvienta acababa de depositar el pastel de arroz en medio de la mesa redonda y Maigret se vio obligado a hacer un esfuerzo para asumir una expresión a la vez sorprendida y beatífica, mientras la señora Pardon, sonrojándose, le dirigía una mirada maliciosa.

UNE CONFIDENCE DE MAIGRET

Acompañe este postre con una crema o un jarabe. Un jarabe de grosella o de frambuesas frescas, realzado con Calvados, resulta excelente.

Con el pastel de arroz, Maigret bebe un Saint-Péray.

Hierva un litro de leche con una vaina de vainilla Bourbon y una pizca de sal.

Agregue, en forma de lluvia, 120 g de arroz, removiendo con una espátula. Cuando se reanude la ebullición, tape el recipiente y métalo en el horno, graduado a temperatura mediana, durante 35 minutos. Retire la vainilla.

Saque del horno y deje enfriar a medias. Agregue 60 g de azúcar,y después 4 yemas de huevo diluidas en un poco de leche hervida y 25 g de mantequilla a laminillas. Mezcle con tenedor, sin romper los granos de arroz.

Monde 5 bonitas manzanas reinetas. Córtelas a cuartos. Elimine pepitas y cartílagos, y cuézalas lentamente, con mantequilla, en una sartén para saltear. Durante la cocción, espolvoréelas ligeramente con azúcar avainillado y la corteza rallada de un limón.

Chafe con el tenedor la mitad de los cuartos de manzana. Líguelos con un poco de crema líquida hervida y mézclelos con el arroz.

Vierta el arroz en un molde embardunado con caramelo. Disponga, en el fondo, cuartos de manzana. Vierta el arroz encima, dejando 3 cm de altura libres.

Meta en el horno graduado a temperatura moderada, 40 minutos; protegiendo la parte superior con papel parafinado.

Deje entibiar y vacíe el molde.

Natillas

Maigret estaba comiéndose el postre cuando advirtió de qué manera le observaba su mujer, con una sonrisa levemente burlona y maternal en los labios. Fingió no darse cuenta, inclinó la cabeza hacia su plato y tomó unas cucharadas de natillas antes de alzar los ojos.

MAIGRET ET LE CORPS SANS TÊTE

Se puede variar y reemplazar la vainilla por otros aromas, desde agua de azahar hasta el ron, pasando por el anís.

Con las natillas, Maigret bebe un Muscat.

Hierba 1 l de leche con una vaina de vainilla Bourbon y 150 g de azúcar.

Bata 4 huevos enteros.

Mézclelos con la leche, removiendo con una cuchara de madera. Retire la vainilla y vierta en una fuente.

Cueza 45 minutos a horno graduado a temperatura suave.

Crema de limón

—¡Tengo una idea! Te prepararé una crema de limón... Espero que me dejarán disponer de la cocina...

LA FOU DE BERGERAC

Una vez terminada la crema y antes de pasarla por el chino, añada una media cucharadita de kirsch.

Con la crema de limón, Maigret bebe agua helada.

Hierva 1 l de leche con 2 cucharaditas de extracto de limón y 100 g de azúcar. Deje enfriar un poco.

Bata 6 yemas de huevo y agréguelas a la leche, sin dejar de batir.

Cueza la crema al baño maría, procurando que no llegue en ningún momento a la ebullición. Una vez adquirida la consistencia deseada, retírela del fuego y cuélela. Déjela enfriar.

Crema al caramelo

Y mañana, puesto que tenía la gripe, la señora Maigret le haría una crema al caramelo.

LE TÉMOIGNAGE DE L'ENFANT DE CHOEUR

Si la crema se «corta» sobre el fuego, cabe arreglarla batiendo con la ayuda de un batidor de huevos.

Con la crema al caramelo, Maigret bebe un Frontignan.

Prepare un caramelo en una cacerola, con 150 g de azúcar y una cucharadita de mantequilla. Cuando haya adquirido el color deseado, algo más oscuro que el color habitual, vierta con precaución 3 cucharaditas de agua y licúelo.

Vierta entonces este caramelo líquido en 1 l de leche caliente.

Casque 6 huevos, separando la clara de las yemas y ponga éstas en un cuenco, con 75 g de azúcar en polvo. Mezcle bien.

Agregue la leche caliente a las yemas, poco a poco, removiendo. A continuación, vierta la preparación en cacerola, y póngala a fuego suave.

Remueva hasta que la crema, espesada, se haya cocido y recubra la cuchara.

Crema de chocolate

—No lo sé, estaba ocupada preparando la crema...

L'AMOUREUX DE MADAME MAIGRET

Se puede utilizar chocolate español con canela o bien aromatizar la crema añadiendo al agua caliente una cucharada de coñac, de ron, de armagnac, de whisky pure malt, etc.

Con la crema de chocolate, Maigret bebe agua helada.

Triture en cacerola 3 tabletas de chocolate de cocer con 1/2 vaso de agua caliente.

Cuando el chocolate esté bien disuelto, agregue 1/2 vaso de leche y lleve a ebullición.

Trabaje en un cuenco 5 yemas de huevo con 100 g de azúcar fino. Vierta encima, poco a poco, el chocolate, y vuelva a ponerlo al fuego, removiendo hasta que esté suficientemente espeso.

Retire la cacerola del fuego. Incorpore a la crema 4 claras de huevo batidas a punto de nieve firme. Remueva unos instantes sobre el fuego y, apenas la crema comience a cocerse, viértala en una ensaladera.

APÉNDICE I
Breve noticia de los vinos aconsejados para las recetas de esta obra

Aligoté. Borgoña. Es el nombre a la vez de una cepa de uva blanca y del vino con ella obtenido, un blanco seco y ligero que conviene beber cuando todavía es joven.

Beaujolais. Aunque clasificados en la A.O.C. Borgoña, los Beaujolais se obtienen principalmente en terrenos del departamento de Saône-et-Loire, al norte de Lyon. El Beaujolais Primeur es un tinto muy nuevo, embotellado dos meses después de la vendimia, para su consumo inmediato. De bello color rubí, es ligero y refrescante, con una graduación alrededor de los 9,5°. El Beaujolais Villages es un tinto amable y afrutado, de unos 10° y que también se bebe joven, que es cuando cabe apreciar mejor toda su vivacidad y su exuberancia de sabores.

Bellet. Provenza. Es el vino clásico de Niza, un blanco seco, afrutado y elegante.

Blanc de Blanc de Provence: Obtenido exclusivamente de uvas blancas, es un vino delicado y ligero, de color dorado pálido con reflejos verdosos.

Bourgueil. Turena. Tinto bien definido, afrutado, de 10 a 11°, con un punto de astringencia y olor a frambuesa.

Cahors. Procedente del departamento del Lot, en Gascuña, es el V.D.Q.S. más antiguo de la región. Tinto oscuro y robusto, de sabor rotundo pero aroma suave y textura sedosa.

Cornas. Côtes du Rhône (cercanías de Valence). Procede de cepa Syrah y es un excelente vino tinto, complejo y robusto. Algo áspero y con leve sabor a piedra de chispa, envejece bien y se suaviza con los años.

Corton Blanco. Borgoña. Es un Côte de Beaune de calidad extraordinaria, como todos los Corton, vigoroso y de sabor profundo.

Corton Grancey. Es un Corton oriundo del Château Grancey, propiedad del cosechero Louis Latour.

Costières du Gard. Gard y Héarault. Un V.D.Q.S. tinto, blanco o rosado, procedente de la orilla este del Ródano, al sur de Nimes. Recuerda por su calidad un Côtes du Rhône y es de cuerpo robusto (mínimo 11°).

Côte de Fronsac. Burdeos. Vino afrutado, con gran personalidad.

Chablis Fourchaume. Borgoña. Vino blanco «premier cru», seco y nervioso, de color amarillo pajizo con bellos reflejos verdosos. Vigoroso y delicado al mismo tiempo.

Chambolle-Mussigny. Borgoña (Côte-d'Or). Es un tinto nervioso, delicado y de fino bouquet.

Château-Climens. Burdeos. Un «premier cru» Sauternes, de hermoso color dorado claro y un paladar de múltiples y exquisitos matices.

Château-Giscours. Burdeos. Un Grand Cru Classé, de gran categoría y dotado de una finura excepcional.

Château-Lafite-Rothschild. Burdeos (Com. de Pauillac). Uno de los cuatro «premiers crus» de Médoc, considerado como el Burdeos de más cuerpo. Firme y fino a la vez, posee un bouquet de rara distinción.

Château-Léoville-les-Cases. Burdeos (Com. de Saint-Julien). Es un «deuxième cru» Médoc, robusto y espirituoso.

Château-Magence. Burdeos. Un Graves blanco, de gran finura y paladar delicado.

Château-Petrus. Burdeos. Un Pomerol excepcional, brillante, flexible, carnoso y matizado, procedente de cepas Malbec, Merlot y Cabernet. Es característico su aroma de trufa.

Château-Poujeaux. Burdeos (Moulis-Médoc). Gran tinto de extraordinaria calidad, cuyos viñedos se extienden a lo largo del Gironda.

Château-de-Salles. Burdeos. Excelente Pomerol de especial firmeza y hermoso brillo. Aroma de trufas.

Château d'Yquem. Burdeos. Un Gran Premier Cru dorado, suntuoso y finísimo, obtenido a partir de cepas Sémillon y Sauvignon afectadas por el hongo *Botrytis cinerea*, o «podredumbre noble», que condensa en la uva todos sus azúcares.

Châteaugay. Burdeos. Un Pomerol generoso, firme y espirituoso, con leve sabor especiado.

Châteauneuf-du-Pape. Côtes du Rhône. Tinto generoso, con el más alto mínimo de cuerpo en Francia (12,5°). Potente olor a fruta y lenta maduración; alcanza su plenitud después de 5 o 6 años en botella.

Chianti. Toscana. Tintos frescos y afrutados, obtenidos con la cepa Sangiovese. Son vinos vigorosos y sus Riserve (más de tres años) ofrecen un bouquet delicado.

Chinon. Loira (Clos de l'Echo). Vino de las riberas del Loira y del Vienne. El mejor es el tinto ya envejecido, que tiene un perfume de violeta. Conocido antiguamente como vino negro de Cahors, fue ensalzado por Rabelais.

Chiroubles. Borgoña. Un Beaujolais alegre y sólido, bien estructurado y con perfume de violeta. Se bebe joven.

Domaine de Clarettes. Provenza. Rosado ligero y delicado, de 10 a 11°, con aroma de frambuesa.

Domaine de Chevalier. Burdeos. Un A.C. Graves blanco o tinto, nervioso y de fino fouquet, con mucho cuerpo (11 a 14°) y buen envejecimiento.

Entre-deux-mers. Burdeos. Vino blanco D.O. de la región entre el Dordoña y el Garona, en la Gironda. Fresco, nervioso y afrutado.

Ermitage. Ver *Hermitage.*

Fendant. Vino suizo procedente de cepa Chasselas, también llamada Fendant. Blanco ligero y refrescante, nervioso y aromático, algo «pétillant», de 10,5 a 11°.

Fleurie. Borgoña. Uno de los 9 «crus» de Beaujolais, ligero, delicado y sedoso, con olor a peonía.

Frontignan. Languedoc. Vino dulce natural, afrutado y generoso, obtenido con la cepa Muscat. Tiene un mínimo de 15°.

Gris de Toul. Con la palabra «gris» se indica un rosado, en este caso de Lorena.

Gros-Plant. Loire-Atlantique. Vino V.D.Q.S. procedente de la cepa del mismo nombre. Es un blanco más ligero y ácido que el Montrachet, y se vende casi exclusivamente como vino de la tierra.

Haut-Brion (Château). Burdeos (Com. de Pessac). Es un Graves blanco «premier cru» de mucho cuerpo (11 a 14°) nervioso y dotado de un excelente bouquet. El tinto es de color muy intenso, aterciopelado y con gran concentración de aromas.

Hermitage. Côtes du Rhône. Es un blanco delicado obtenido con cepa Marsanne y que al envejecer adquiere un bouquet fragante. Joven, es un vino potente, con un leve sabor a piedra de chispa.

Hermitage tinto. Côtes du Rhône. Obtenido con cepa Syrah, generoso y muy aromático, es producido en Creze, Larnage o Meransol, entre otros lugares.

Île de Ré. Charente Maritime. Este departamento es famoso por sus cognacs, pero sus vinos, tintos, no pasan de corrientes.

Jasnières. Turena (Côteaux-du-Loir). Un D.C. blanco seco, fino y afrutado, con leve sabor a pedernal. Soporta envejecimientos de 20 años e incluso más, sin perder su lozanía. Hay una variedad con aguja.

Madiran. Gascuña. Tinto obtenido con la cepa regional (Tannat) y un poco de Cabernet-Sauvignon. Potente y robusto cuando es joven, adquiere más bouquet entre los 5 y los 10 años.

Menetou-Salon. Pequeño y antiquísimo viñedo cercca de Bourges, en el Cher, al sudoeste de Sancerre. Con cepas Sauvignon, produce un vino blanco de 11 a 13°, fresco y afrutado, excelente para el pescado y el marisco. Conviene servirlo a temperatura no inferior a los 8°.

Mosela. Vino alemán de la D.O. Mosel-Saar-Ruwer. Es un blanco de fragancia delicada, extraordinariamente fresco y muy bien equilibrado. También hay vinos franceses de Lorena con derecho a esta denominación. Son algo ácidos y afrutados, y se beben jóvenes.

Moulin-à-vent. Borgoña. Es uno de los 9 «crus» Beaujolais, clasificados, con vivo color de rubí y aroma de azufaifa.

Muscadet. Côteaux-de-Loire y Sèvre-et-Maine, cerca de Nantes. Es un blanco ligero, seco, franco y afrutado, de color amarillo pálido. Dotado de una fresca acidez, se bebe muy joven, a una temperatura entre 5 y 6°.

Muscat. Rosellón. Vino dulce de postre, límpido, fino y de gran bouquet.

Pinot gris de Alsacia. Ver *Tokay de Alsacia.*

Pomerol. Burdeos. Un D.C. tinto de soberbio brillo, aterciopelado, carnoso y matizado, con aroma de trufa.

Pommard. Borgoña (Côte de Beaune). Tinto de color rubí, firme y robusto, pero al mismo tiempo fino y elegante.

Pouilly-Chasselas. Loira. Vino blanco de Pouilly-sur-Loire, obtenido con cepa Chasselas. Se bebe joven.

Pouilly-Fumé. Loira. Elaborado exclusivamente a partir de cepa Sauvignon, es un soberbio vino blanco muy seco, fragante y afrutado.

Puligny-Montrachet. Côte de Beaune. Un D.C. blanco seco, con cuerpo, robusto y distinguido, y con un leve sabor a avellana.

Quincy. Vino blanco del Berry, clasificado A.O.C. entre los vinos del Loira. Procedente de cepa Sauvignon, es seco y aromático.

Riesling. Alsacia y Rheingau. Excelente vino blanco, seco y perfumado, refrescante.

Rully. Borgoña (Côte de Chalons). Vino blanco seco y fino, de color muy dorado, muy conocido en su variedad espumosa.

Saint-Amour. Borgoña. Uno de los 9 «crus» clasificados de Beaujolais. Hermoso color rojo rubí. Hay también un Saint-Amour oriundo de Côtes-du-Jura, que es un tinto áspero y un tanto ácido, o bien un blanco seco y nervioso, de paladar ligero.

Saint-Nicolas de Bourgueil. Ver *Bourgueil.*

Saint-Péray. Côtes-du-Rhône. Hoy elaborado con el método «champenoise», es un excelente vino espumoso ya citado por Plutarco y muy estimado por Wagner.

Saint-Pourçain. Borbonesado (Saint-Pourçain-sur-Sioule). Un V.D.Q.S. blanco pálido, seco y ligero. Se bebe joven. Obtenido a partir de la cepa Tressaillier.

Santenay. Borgoña (Domaine des Hautes Cornières). Tinto exquisito, firme y nervioso, de buen envejecimiento.

Sylvaner. Alsacia. Vino blanco seco, de bouquet ligero y delicado.

Tavel. Côtes-du-Rhône. Tinto famosísimo, de color bellísimo y límpido, paladar intenso y nevioso, con sabor de fresas silvestres. Puede llegar a los 15°.

Tokay de Alsacia. Sabor pronunciado y especiado, pero muy fino; seco, pero sustancioso. Es un vino generoso, conocido también como Pinot Gris.

Vert du Roussillon. Probablemente se trate de un Corbières-du-Roussillon o de un Côtes-du-Roussillon, ambos tintos de buen cuerpo y en este caso bebidos jóvenes.

Villaudric. Haute-Garonne. Un V.D.Q.S. de cierto cuerpo, buen paladar y aroma agradable.

Vouvray. Turena. Vino siempre blanco, seco o bien suave y semiespumoso. Alta graduación, gran bouquet y cierto sabor a membrillo. Si el verano ha sido muy soleado, se consigue un vino afrutado y licoroso, con sabor a miel.

APÉNDICE II
Unas sucintas aclaraciones sobre los champañas saboreados por el comisario Maigret con sus postres.

El «cuvée» Belle Époque es un «millésimé» de la casa Perrier-Jouët, como lo es también el Blason de France. El Dom Perignon es una de las grandes creaciones de Moët & Chandon, y el «cuvée» René Lalou de la marca Mumm es un soberbio crémant. Cuando bebe un Krug, se trata sin duda de un «grande cuvée» de estas famosas bodegas, y en cuanto al champaña rosado —es decir, un champaña al que se ha añadido una pequeña cantidad de tinto de la misma demarcación—, cabría dudar entre un Roederer y un Bollinger, sólo a título de suposición.

APÉNDICE III
Léxico (muy reducido) para el catador de vinos franceses

Afrutado. Vino cuyo aroma sugiere el de determinadas frutas. La gama de posibilidades en este sentido es amplísima.

A.O.C. Appellation d'Origine Contrôlée.

Bouquet. Gama de aromas captados en un vino.

Carnoso. Dícese del vino dotado de cuerpo y vigor.

Complejo. Vino dotado de un vasto repertorio de cualidades, tanto en su aroma como en su sabor.

Cremant. Vino tratado por el método «champenoise», pero que al añadírsele menor cantidad de licor de trasvase, produce menos espuma.

Cru. Terreno y vino de un determinado viñedo. Indica la calidad propia de éstos.

Cuerpo. Constitución del vino en función de su acidez, su grado de alcohol y su contenido de tanino.

Cuvée. Determinación de un vino, en función de su año de cosecha, lugar de la misma, cosechero, etc.

Elegante. El vino que presenta un equilibrio armonioso entre sus propiedades.

Equilibrado. Es el vino que ofrece una sabia compensación entre sus distintas características, con un resultado óptimo.

Especiado. Vino con aroma y sabor que recuerdan los de ciertas especias, tales como la canela, el clavo, la nuez moscada, etc.

Espirituoso. Rico en vinosidad.

Finura. Calidad de distinción de un vino dotado de elegancia y equilibrio.

Firme. Vino robusto y bien equilibrado.

Franco. Vino exento de defectos y de sabores extraños.

Licoroso. Suave y aterciopelado, no exento de vinosidad.

Ligero. Joven y de poco cuerpo, pero de agradable ingestión.

Millésimé. Indicación del año de producción en la etiqueta. El «millésimé» permite al consumidor reconocer los años de las grandes cosechas.

Nervioso. Dícese del vino joven, vívido, fresco y de fácil ingestión.

Pétillant. Vino levemente espumoso, debido a ser embotellado con algo de azúcar todavía no fermentado.

Pleno. Robusto y carnoso.

Redondo. Dícese del vino bien logrado en todas sus cualidades.

Robusto. Vino bien equilibrado, pletórico en los factores cuerpo y equilibrio. Si es además carnoso, se le llama «potente».

Sólido. Vino redondo, bien logrado y con un buen envejecimiento.

Suave. El vino que armoniza un aroma placentero con un paladar ligero y aterciopelado.

V.D.Q.S. Vin Délimité Qualité Supérieure.

Verde. Vino joven, generalmente afrutado y un tanto ácido.

Vigoroso. Robusto, que promete un buen envejecimiento.

Vívido. Vino algo ácido, refrescante, personificado por ciertos blancos ligeros.

Sumario

SOPAS Y POTAJES

SALSAS

ENTRANTES

HUEVOS

CRUSTÁCEOS Y MARISCOS

PESCADOS

CAZA

VOLATERÍA

DESPOJOS

CARNES

VERDURAS Y PASTA

POSTRES